ECKART HAMMER

Großvater sein

KLETT-COTTA

FSC
www.fsc.org
MIX
Papier aus verantwortungsvollen Quellen
FSC® C083411

Klett-Cotta
www.klett-cotta.de

Printed in Germany
Cover: Rothfos & Gabler, Hamburg
unter Verwendung eines Fotos von Barry Diomede/Alamy Stock Photo
Gesetzt von Fotosatz Amann, Memmingen
Gedruckt und gebunden von CPI – Clausen & Bosse, Leck
ISBN 978-3-608-96130-0

INHALT

Für Jens, Mirja und Robin,
mit denen das Leben weitergeht.

VORWORT

Willkommen im Zeitalter der Großeltern! Nie zuvor gab es so viele Großeltern wie heute; zu keiner Zeit erlebten Enkel so viele Großeltern gleichzeitig und hatten mit ihnen eine so lange gemeinsame Lebenszeit; nie zuvor waren Großeltern so fit und aktiv; niemals hatten Großeltern eine größere Bedeutung für Familie und Enkel, vor allem in Doppelverdiener-, Scheidungs- und Patchworkfamilien; nie waren die Generationenbeziehungen besser, hatten Großeltern und Enkel eine so enge Beziehung, wurde diese so positiv bewertet; noch nie war die Großelternrolle für ältere Menschen so bedeutsam wie heute, was unter anderem enthusiastische Buchtitel wie dieser ausdrücken: »Wir neuen Großväter: Der schönste Job der Welt!«[1]

Seit Mitte des vergangenen Jahrhunderts zeichnet sich diese Großeltern-Konjunktur ab und umso mehr verwundert es, dass die Großelternforschung – zumindest im deutschsprachigen Raum – noch ziemlich unterentwickelt ist. Nur wenige Forschungsarbeiten haben sich explizit mit der Großeltern-Enkel-Beziehung befasst, in regierungsamtlichen Familien- und Altenberichten spielen Großeltern nur eine randständige Rolle. Und wenn Großeltern erwähnt werden, ist bei genauerem Hinsehen meist lediglich von Großmüttern die Rede, für die sich die Sozialpolitik vor allem als Unterstützerinnen für junge Familien interessiert. Großväter werden in der Fachliteratur bis heute meist übersehen, sind bislang weitgehend unbekannte Wesen in Familien-, Männer- und Altersforschung. Sie wurden vergessen und als marginal betrachtet, weil sie im Generationengefüge angeblich keine besondere Rolle spielen. Großväter sind möglicherweise die am meisten unterschätzte Gruppe in unserer Gesellschaft.

Doch längst ist eine Generation von Großvätern am Werk, die sich nicht um diese Ignoranz der Familienforschung schert, sondern mit großem Engagement und Spaß ihre Rolle lebt. Getreu dem holländischen Sprichwort »Großväter sind Väter, die vom lieben Gott eine zweite Chance bekommen haben« ergreifen sie ihre zweite Chance und sind nicht mehr bereit, die Kinder den Frauen zu überlassen. Es sind Männer, die in der Enkelbetreuung nachholen, was sie bei ihren Kindern verpasst haben und dem sie oft schmerzlich nachtrauern. Väter, die nach einem eher familienfernen Berufsleben eine Welt entdecken, von der sie keine Ahnung hatten, wie bereichernd und beglückend diese sein kann. Männer, die spüren, wie wichtig und sinnstiftend diese neue Rolle für ihre persönliche Entwicklung im höheren Lebensalter und für die Lebensabrundung ist.

Großväter brauchen Enkel – Enkel brauchen Großväter. Nicht nur für Großväter, sondern auch für ihre Enkel liegt in dieser so besonderen Beziehung eine wichtige Entwicklungschance. Großväter sind für Enkel eine Brücke in die Welt; sie sind wichtige Betreuungs- und Freizeitpartner mit einem Angebot, das es so oft nur vom Großvater gibt; sie sind in einer sich immer schneller drehenden Welt der verlässliche und ruhende Pol, in stürmischen Familienzeiten der Fels in der Brandung; mit ihrem sichtbaren Älterwerden und Alter sind Großväter schließlich für ihre Enkel auch so etwas wie Lehrmeister der Vergänglichkeit.

Großväter und Enkel leben jedoch nicht in einer exklusiven Zweierbeziehung, sondern sind Teil eines größeren Familien- und Verwandtschaftssystems. Eine gute Enkelbeziehung ist von mancherlei familiären Einflussfaktoren bestimmt, vor allem aber vom Wohlwollen der Eltern. Umgekehrt können allerdings auch Großväter zum Störfaktor in der Eltern-Kind-Beziehung oder auch im Verhältnis der Enkel untereinander werden.

Großväter können jedoch auch Männer sein, die zwar nominell Großväter sind, an denen diese zweite Chance jedoch vorbeigeht. Die einen wollen nicht, tun Enkelbetreuung als angebliche Frauensache ab und lassen sich in den Hintergrund schieben; die anderen können nicht, wären gerne aktive Großväter, können jedoch aufgrund von zu großer räumlicher Distanz keine tragfähige Beziehung zu ihren Enkeln entwickeln; die dritten schließlich verwaisen als Großväter in Folge von Scheidungen oder anderen Familienkonflikten. Und dann ist da schließlich noch die inzwischen wachsende Zahl von Männern, die niemals biologische Großväter werden, weil sie keine Kinder haben oder ihre Kinder kinderlos bleiben. Solche Männer, wie auch alle anderen, die ihre Großvaterrolle nicht wahrnehmen können, können ihre generativen Energien in soziale Großvaterschaft umleiten, sich einem Großelterndienst anschließen, sich in einem der vielen generationsübergreifenden Projekte engagieren, zum Paten oder Mentor für Kinder oder Jugendliche werden.

Dieses Buch will die vielen unterschiedlichen Realitäten von Großvaterschaft ausleuchten, eine Lebensphase, wie sie mannigfaltiger kaum sein könnte und die es deswegen eigentlich verbietet, von *dem* Großvater zu sprechen. Dies gilt selbstverständlich auch für die hier zusammengetragenen wissenschaftlichen Befunde, die in der Regel statistische Mittelwerte wiedergeben und damit dem jeweiligen Einzelfall im Zweifelsfall nicht gerecht werden.

Mit dieser bunten Bildbeschreibung will dieses Buch Männer dabei unterstützen, ihre persönliche Großvaterschaft zu entdecken, zu gestalten und zu genießen, was eine Pionierarbeit ist, weil die Großvaterrolle in dieser Form von keiner Generation zuvor gelebt wurde und ohne historische Anschauung und Vorbilder ist. Es will dazu ermutigen, die Großvaterrolle aktiv wahrzunehmen, ohne dabei – wie so manches Großelternjubelbuch – die möglichen Schattenseiten aus dem Blick zu verlieren. Angesprochen sind auch jene Männer, die gerne Großväter wären, aber keine eigenen Enkel haben – denn Großvater kann jeder werden. Und dieses Buch richtet sich schließlich an alle, die sich für Großväter interessieren, die mit ihnen zu tun haben und Großväter besser verstehen wollen.

Weil die Großväterforschung noch so unterentwickelt ist, beziehen sich viele Angaben in diesem Buch auf Großeltern insgesamt. Was Großväter von Großmüttern im Wesentlichen unterscheidet, lässt sich in zwölf Thesen zusammenfassen:

1. Großväter wurden in der Familienforschung bislang weitgehend übersehen, werden marginalisiert oder mit

den Großmüttern in unzulänglicher Weise verglichen und als defizitär dargestellt.

2. Wo vor allem die Großmütter im Blick sind, werden Großväter als »unbeteiligt« oder »unwichtig« definiert, weil sie mit ihren spezifischen Bedürfnissen, Kompetenzen und Potenzialen nicht gesehen werden.
3. Die Großvaterrolle wird auch von der Männerforschung vernachlässigt, die mit ihrer Fokussierung auf das Erwerbsleben dem alternden und alten Mann überhaupt wenig Aufmerksamkeit schenkt.
4. Männer müssen sich noch vom jahrhundertealten Klischee des distanzierten, strengen Großvaters absetzen, um in ihrer neuen, fürsorglich zugewandten Rolle gesehen und akzeptiert zu werden.
5. Männern eröffnet die Großvaterschaft eine zweite Lebens- und Entwicklungschance: Sie können in der Beziehung zu ihren Kindern Versäumtes nachholen, können eine gute (Groß-)Vaterschaft leben und im nachberuflichen Leben neuen Lebenssinn und Erfüllung erfahren.
6. Großvaterschaft ist für Männer eine wichtige Entwicklungsaufgabe, bei der sie zum einen nochmals frühere Entwicklungsphasen durchleben und andererseits die für das höhere Lebensalter so wichtige Generativität entfalten können.
7. Großväter müssen sich und ihren Platz aktiv behaupten, um in einer weiblich geprägten Erziehungswelt nicht an den Rand gedrängt zu werden.
8. Großväter können ihre Söhne in ihrer neuen Vaterrolle unterstützen und für ihre Enkel wichtige Brücken in die Welt und gelegentliche Verbündete gegen eine elterliche Übermacht sein.

9. Großväter sind wichtig, um das männliche Element in einer zunehmend weiblichen familialen und außerhäuslichen Sozialisationswelt zu stärken.
10. Großväter können in schwierigen Familienkonstellationen zum Vermittler, aber auch zum Scheidungsopfer werden.
11. Männer sind als Wunsch- oder Leihgroßväter eher noch Exoten, dabei wären sie hier besonders gefragt und hätten die Chance, mit ihrem Wahlenkel eine exklusive Großvaterbeziehung zu gestalten.
12. In Paten- und Mentorenprojekten sowie anderen generationsübergreifenden Feldern sozialen Engagements spielen Männer eine besondere Rolle, sind wichtige Vorbilder für junge Menschen und können selbst neuen Lebenssinn erfahren.

Ich danke herzlich meinen Interviewpartnern, die mir so offen aus ihrem Großvaterleben berichteten oder mir ein anschauliches Bild ihrer Großelternagenturen vermittelten. Verbunden bin ich den Studierenden meines Projektseminars, einige ihrer Impulse und Beiträge sind in dieses Buch mit eingeflossen. Dankbar bin ich meinen Lektoren, Dr. Heinz Beyer für seine wertschätzende Beratung und Begleitung sowie Rosel Müller für ihre gründlichen, umsichtigen und sachkundigen Korrekturen. Meiner Frau Brigitte danke ich für ihre Unterstützung auf dem langen Weg von der ersten Idee bis zur Fertigstellung.

1.

VON DER RANDFIGUR ZUM IDEALISIERTEN GROSSVATER

An wen denken wir, wenn wir vom Großvater sprechen? Vielleicht an erster Stelle an den eigenen Großvater. An einen – zumindest aus Kinderperspektive – ziemlich alten Mann, vor unglaublich langer Zeit geboren, womöglich etwas streng, unnahbar, an seinen Enkeln nicht besonders interessiert und relativ früh gestorben. Aber die Zeiten haben sich gewandelt! Inzwischen sind ungefähr 7 Millionen Männer selbst Großvater – nie gab es mehr Großväter als heute – und gehören damit einer sozialen Gruppe an, die bunter und vielfältiger nicht sein könnte: Auch wenn der statistische Durchschnittsmann mit 55 Jahren Großvater wird, gibt es den jungen Großvater von Anfang 40, der selbst noch minderjährige Kinder hat, mitten im Berufsleben steht und eigentlich gar keine Zeit für sein Enkelkind hat; ihm steht der 90-Jährige gegenüber, der vielleicht bereits Urgroßvater ist und zu einer Schar Enkel aus zwei Generationen in Beziehung steht.

DEN GROSSVATER GIBT ES NICHT

Da ist der junge Ruheständler, dem seine aktive Großvaterschaft beglückende Erfahrungen und neuen Lebenssinn vermittelt; der pflegebedürftige Großvater auf der anderen Seite ist für seine Enkel nicht mehr sehr attraktiv. Der nahe bei den Kindern residierende Großvater ist verlässliches Glied des familiären Betreuungssystems; der eine Tagesreise entfernt oder im Ausland Lebende hat Mühe, mit seinen Enkeln eine tragfähige Beziehung aufzubauen und zu pflegen. Der wohlhabende Pensionär kann mit seinen Enkeln attraktive Unternehmungen und Reisen genießen; der auf seine kleine Rente Angewiesene kann mit solchen Lockangeboten nicht punkten. Der eine Großvater kostet das Glück dieser zweiten Chance bis zur Neige aus; der andere will in seinem Ruhestand nicht von Kindern gestört werden. Dem einen werden die zahlreichen Enkel manchmal zu viel, der andere gehört zur Gruppe der rund 2,5 Millionen lebenslang ohne Enkel bleibenden Männer oder wird nach einer Scheidung mit einem Kontaktverbot bestraft. Kurzum: *Den* Großvater gibt es nicht.

Unsere heutige Vorstellung von aktiver und zugewandter Großvaterschaft ist ein noch relativ junges, modernes Bild, das sich erst in den letzten Jahrzehnten entwickelt hat. Großelternschaft überhaupt ist historisch betrachtet eine vergleichsweise junge soziale Rolle, wie dies der Sozialhistoriker Eberhard Chvoijka in seinem grundlegenden Werk zur Geschichte der Großelternrollen belegt. Diese Geschichte ist im Übrigen auch deswegen interessant, weil sie zeigt, wie zeit- und gesellschaftsabhängig die Bilder und Rollenzuschreibungen von Großeltern sind und wie die Bedeutung mal des Großvaters, mal der Großmutter im Vordergrund steht, um schließlich in die derzeitige großelterliche Hochkonjunktur zu münden.

Wenn Ulf die lange biografische Linie von seinem Großvater bis zu seinen Enkeln sieht, staunt er über den Wandel der Verhältnisse. Erinnert er sich an seinen Großvater, dann ist das vorherrschende Gefühl Angst; Angst vor einem strengen, enggläubigen Patriarchen, zu dem man lieber nicht ging. Auch Ulfs Vater war ein eher strenger und wenig geliebter Großvater, sein Interesse an den Enkeln war nicht sonderlich groß, gemeinsame Aktivitäten gab es nicht. Und wenn er an seine eigene Vaterschaft denkt, so war die zwar aktiv und engagiert, aber es blieb neben dem Beruf zu wenig entspannte Zeit, so dass die Mutter doch die zentrale Bezugsperson war. Vor diesem Hintergrund genießt Ulf nun seine Großvaterschaft umso mehr: die innere Gelassenheit, die Ruhe und vor allem die unbelastete Zeit, in der er sich ganz und gar seinen Enkeln widmen kann.

ENKEL – DER ›KLEINE‹ GROSSVATER

Eine bewusst wahrgenommene Großeltern- und Enkelrolle hat sich erst im 17. Jahrhundert herausgebildet. Die Bezeichnungen Großvater und Großmutter fanden sich in schriftlichen Quellen erstmalig 1576. Vorher wurden die Bezeichnungen Ahnherr und Ahnfrau oder im süddeutschen Raum Ähne und Ahne verwendet; Bezeichnungen, mit denen im Übrigen nicht nur die Großeltern, sondern alle alten Männer und Frauen benannt wurden. Die alten Begriffe Ähne oder Ahnherr/Ahnfrau sind lediglich eine genealogische oder juristische Bezeichnung ohne Anklang an eine persönlich emotionale Beziehung, wohingegen erst im Begriff des Großvaters oder der Großmutter die wärmere familiale Beziehung von Väterlichkeit und Mütterlichkeit steckt. Der Begriff Enkel hat eine interessante Nähe zum Begriff Großvater: Sprachgeschichtlich betrachtet ist Enkel die Verkleinerungsform von Ahne, der Enkel wurde als ›Wiedergeburt‹ seines Großvaters, also als kleiner Großvater gesehen. In Gesellschaften und Kulturen, die an die Wiedergeburt glauben, werden Enkel auch heute noch als die Wiederkehr der Großeltern betrachtet.[2]

Großeltern spielten bis zum 17. Jahrhundert deswegen keine Rolle im Familienleben, weil es sie ganz einfach nicht oder nur als Ausnahmephänomen gab. Erhard Chvoijka hat, basierend auf einem gründlichen Studium historischer Text- und Bildquellen, nachgewiesen, dass unser Bild von der guten alten Zeit, als angeblich noch drei Generationen friedlich unter einem Dach vereint waren, auf einem Mythos beruht. Tatsächlich lebten fast bis Anfang des 20. Jahrhunderts in aller Regel nie mehr als zwei Generationen in einem Haushalt zusammen. Zum einen lag dies an der niedrigen Lebenserwartung: Noch bis zum Ende des 19. Jahrhunderts lag in unseren Regionen der Anteil der über 60-Jährigen bei unter 10 Prozent. Älter als 70 Jahre wurden höchstens 3 Prozent und älter als 80 Jahre nur knapp 1 Prozent aller Menschen. Kaum mehr als ein Zehntel der Gesamtbevölkerung erreichte überhaupt das Großelternalter. Und diese kleine Gruppe kannte in aller Regel keine ›nachelterliche Gefährtenschaft‹, also jene von Kinderversorgung befreite Lebensphase, die eine wichtige Voraussetzung für eine aktive Großelternschaft bildet. Infolge der langen weiblichen Reproduktionsphase und der niedrigen Lebenserwartung tauchte das Phänomen des ›leeren Nests‹ bis zum frühen 18. Jahrhundert so gut wie nicht auf. Wenn das jüngste Kind den Haushalt verließ, waren Männer in der Regel bereits um die 70 Jahre alt, was lediglich einer von hundert Männern erleben konnte.

DER MYTHOS GROSSFAMILIE

Neben der niedrigen Lebenserwartung trugen die Normen der bäuerlichen Hauswirtschaft dazu bei, dass Dreigenerationenfamilien ein Ausnahmephänomen waren. Über viele Jahrhunderte konnten Söhne im ländlichen Bereich häufig erst dann heiraten, wenn die Väter starben. Für die bäuerlichen Gegenden galt und gilt bis heute, dass die Angehörigen der jungen und alten Generation, wo immer möglich, ihren eigenen Haushalt führen und nicht unter einem gemeinsamen Dach leben. Und auch unter den städtischen Handwerkern herrschte Neolokalität vor, das heißt die Söhne unterlagen dem Wanderzwang und mussten ihren eigenen Betrieb gründen, so dass die gealterten Meister so gut wie nie den Haushalt mit einem ihrer Söhne teilten. Und selbst wenn die Generationen nur wenige Kilometer Entfernung trennte, stellte dies unter den damaligen infrastrukturellen Bedingungen oft ein entscheidendes Hindernis für intensive soziale Kontakte dar.[3]

> Der alte Großvater und der Enkel
> Es war einmal ein steinalter Mann, dem waren die Augen trüb geworden und die Knie zitterten ihm. Wenn er nun bei Tische

saß und den Löffel kaum halten konnte, schüttete er Suppe auf das Tischtuch, und es floss ihm auch wieder etwas aus dem Mund. Sein Sohn und dessen Frau ekelten sich davor, und deswegen musste sich der alte Großvater endlich hinter den Ofen in die Ecke setzen, und sie gaben ihm sein Essen in ein irdenes Schüsselchen und noch dazu nicht einmal satt. Da sah er betrübt nach dem Tische, und die Augen wurden ihm nass. Einmal auch konnten seine zitterigen Hände das Schüsselchen nicht festhalten, es fiel zur Erde und zerbrach. Die junge Frau schalt, er sagte aber nichts und seufzte nur. Da kaufte sie ihm ein hölzernes Schüsselchen für ein paar Heller, daraus musste er nun essen. Wie sie da so sitzen, so trägt der Enkel von vier Jahren auf der Erde kleine Brettlein zusammen. »Was machst du da?« fragte der Vater. »Ich mache ein Tröglein, daraus sollen Vater und Mutter essen, wenn ich groß bin.« Da sahen sich Mann und Frau eine Weile an, fingen endlich an zu weinen, holten alsofort den alten Großvater an den Tisch und ließen ihn von nun an immer mitessen, sagten auch nichts, wenn er ein wenig verschüttete.

Märchen transportieren oft historische Wahrheiten. Diese viel zitierte, weil moralisch erbauliche Parabel der Gebrüder Grimm wirft ein Licht auf den offenbar nicht seltenen, angesichts großer Armut nachvollziehbaren ausgrenzenden Umgang mit den Alten in früheren Zeiten. Allerdings wurden kaum je alte Männer, sondern nahezu ausschließlich verwitwete alte Frauen in die Familie aufgenommen.

Bilder aus der Zeit zwischen dem 16. und dem frühen 18. Jahrhundert zeigen deswegen meist nur zwei Generationen, ältere Personen finden sich praktisch nie. Es wird offensichtlich nur ›bigenerativ‹, zweigenerational gedacht.

Auch auf den beliebten Darstellungen des Lebenslaufes als Lebenstreppe findet sich keine Großvaterrolle. So nimmt es nicht Wunder, dass man in bürgerlichen Lebensgeschichten von Männern dieser Zeit so gut wie keine bewusste Auseinandersetzung mit der eigenen Großvaterrolle entdeckt – im Übrigen auch nicht mit der Enkelrolle. Großvater zu sein war weder eine prestigeträchtige noch eine auch nur erwähnenswerte familiale Position. Die Vorstellung vom Alter war in erster Linie durch die Nähe zum Tod bestimmt. Eine erfüllende Großelternschaft, die zugleich eine Beschäftigung mit Zukunft und Leben bedeutet, hatte keinen Platz in dieser endzeitlichen Perspektive. Das einzige bis zum frühen 18. Jahrhundert belegbare Engagement gegenüber Enkelkindern betraf eheliche, verwaiste Enkelkinder.[4]

VOM WEISEN LEHRER ... ZUM PÄDAGOGISCHEN STÖRFAKTOR

Mit der Entstehung und Entwicklung der modernen bürgerlichen Familienideologie, der Neudefinition des Bürgertums und seinen veränderten sozialen und kulturellen Rollen von Vater, Mutter und Kind, traten ab dem späten 18. Jahrhundert zunehmend Darstellungen gelebter Großelternschaft auf. Die bürgerliche Vaterrolle erfuhr eine vorübergehende Hochkonjunktur und wertete damit auch die Großvaterrolle auf. Der Vater wurde erstmalig als emotionale Bezugsperson, als Kindererzieher im pädagogischen Sinn gesehen, und dem Großvater wurde als Pendant dazu eine stark normative Rolle in der Enkelbeziehung zugewiesen. Das Bild des Großvaters im Lehnstuhl mit den typischen Accessoires wie Brille, Büchern, Pfeife, Wein und Stock, das auch Goethe in seinen Lebenserinnerungen zeichnete, steht für den Großvater als Respektsperson. Freundlich, aber auch etwas unnahbar, war er für den Enkel ein Halt- und Stützpunkt und entwickelte sich im frühen 19. Jahrhundert zum Leitbild des lehrenden Großvaters, der die Schulbildung ergänzte. Die Großeltern fühlten sich verpflichtet, sich an der pädagogischen Formung der Enkelkinder aktiv zu beteiligen.

Diese temporäre Konjunktur des Großvaters, das Stereotyp des weisen Lehrers, rückte Mitte des 19. Jahrhunderts zugunsten der Großmutter wieder in den Hintergrund, die von nun an einen immer größeren Raum einnimmt. Die Großmutter wurde zur idealen, auf häusliche Geborgenheit und emotionale Bedürfnisse ausgerichteten Integrationsfigur. Vereinzelt tauchte der Großvater noch als Märchenerzähler auf und wurde damit tendenziell verweiblicht, indem er eine klassische Frauenrolle übernahm; im Übrigen wurde er unsichtbar und verschwand aus bildlichen Darstellungen.

Gleichzeitig wurden die Großeltern in der sozialen Realität auf ein Feiertagsdasein mit eingeschränkten Kompetenzen festgelegt. Die Großelternrollen wurden neu beschrieben und akribisch festgelegt, um keine Konfliktpotentiale aufkommen zu lassen. In der populärwissenschaftlichen und pädagogischen Literatur des späten 19. Jahrhunderts wurden Großeltern, insbesondere Großmütter, zunehmend pauschal diskreditiert, da sie angeblich veraltete Ansichten über Kinderpflege und Geburt hätten und die Enkelkinder zu sehr verwöhnen würden.[5] Diese Haltung, Großeltern eher als

Störfaktor einer gelingenden kindlichen Sozialisation denn als wichtige Ressource zu betrachten, hat sich in der psychologischen, vor allem psychoanalytischen, und pädagogischen Literatur bis Anfang der 1960er Jahre gehalten: »Grandma made Johnny delinquent« ist der bezeichnende Titel eines entsprechenden Artikels in einer amerikanischen Psychiatriezeitschrift aus den 40er Jahren.[6]

Interessant ist in diesem Zusammenhang auch die in der Literatur immer wieder zu findende Verwandlung des bösen und verbitterten alten Mannes in den lieben, netten Großvater, wie sie sich prominent wiederfindet in »Der kleine Lord« oder »Heidi«. Das unschuldige Enkelkind lässt sich vom knurrigen Alten nicht erschrecken und überwindet mit seiner heiteren Unbefangenheit das Böse im Manne. Es lässt sich in diesen Erlösungsgeschichten eine interessante Parallele zu den historischen Forschungen von Christoph Kucklick sehen, wonach seit dem 19. Jahrhundert eine zentrale Aufgabe der Frau darin gesehen wurde, den angeblich triebgesteuerten, wilden und unmoralischen Mann zu zähmen und zu zivilisieren.[7]

Ein Beispiel für die Doppelgesichtigkeit des Großvaters beschreibt der österreichische Schriftsteller Thomas Bernhard in seinen Erinnerungen »Ein Kind« (dtv 1982).
Als uneheliches Kind durchlitt der junge Bernhard eine traumatische Kindheitsgeschichte. Die Schule war die Hölle für ihn, und zu Hause hatte er es nicht viel besser. Sein anarchistischer Großvater, der zumindest in der Theorie nichts von einer strengen Erziehung hielt, wurde für ihn zum Retter: »Nein, das Kind muss neugierig sein, dann ist es gesund, und man muss seiner Neugierde freien Lauf lassen,« mahnte der

Großvater, »es fortwährend anzubinden, ist verbrecherisch und eine gemeine Dummheit. Das Kind soll seinen Ideen nachgehen, nicht den Ideen seiner Erzieher.« So wurde für den Jungen der Großvater zur wichtigen Orientierung: »Großväter sind die Lehrer, die eigentlichen Philosophen jedes Menschen, sie reißen immer den Vorhang auf, den die anderen fortwährend zuziehen. Wir sehen, sind wir mit ihnen zusammen, was wirklich ist, nicht nur Zuschauerraum, wir sehen die Bühne, und wir sehen alles hinter der Bühne. Mein Großvater, mütterlicherseits, errettete mich aus der Stumpfheit und aus dem öden Gestank der Erdtragödie, in welcher schon Milliarden und Abermilliarden erstickt sind.« Und wenn die überforderte Mutter ihren unangepassten Sohn so wieder einmal verzweifelt mit dem Ochsenziemer züchtigte, dann wurde die Wohnung des Großvaters zum Fluchtpunkt für den Siebenjährigen: »Nur aus Liebe zum Großvater habe ich mich in meiner Kindheit nicht umgebracht.«

Zu Beginn des 20. Jahrhunderts entwickelte sich zum ersten Mal in der Geschichte überhaupt so etwas wie Koresidenz, ein Zusammenleben von drei Generationen unter einem Dach. Zum einen findet sich dies im Zuge der Agrarrevolution in ländlichen Haushalten, wo die Anzahl der Ausgedinge für die alten Bauersleute anstieg; zum anderen nahm, infolge der Wohnraumprobleme nach dem Ersten Weltkrieg, im städtisch-proletarischen Bereich die Anzahl der Dreigenerationen-Haushalte zu, was jedoch überwiegend verwitwete alte Frauen betraf. Nach dem Zweiten Weltkrieg ging das Zusammenleben der Generationen wieder rasch zurück, der Anteil von Dreigenerationenhaushalten liegt heute bei rund zwei Prozent aller Haushalte.

Schulbücher, die die jeweilig gültigen gesellschaftlichen Norm- und Wertvorstellungen vermitteln sollen, zeigten im 20. Jahrhundert typisch bürgerliche Großelternklischees. Der Besuch bei den Großeltern auf dem Land nimmt einen breiten Raum ein. Die Großmutter rückt weiter in den Vordergrund, der Großvater wird als Vermittler von Bildung und als Erzähler von Geschichten und Geschichte dargestellt.

Erst in der der zweiten Hälfte des 20. Jahrhunderts verschwanden in den literarische Darstellungen die traditionellen Klischees großelterlichen Verhaltens und Aussehens; immer mehr Gegenbeispiele und Positionen zu den bürgerlichen Großelternleitbildern lassen sich finden. So etwa die von Brecht 1939 skizzierte »Unwürdige Greisin«, die so gar nicht den damaligen Vorstellungen einer bescheidenen und uneigennützigen alten Frau entsprach. Lediglich in der Kinder- und Jugendliteratur, »wo es von enkelfixierten, selbstlosen alten Menschen nur so wimmelt«, hielten sich die überkommenen Bilder länger.[8]

DIE KONJUNKTUR DES GROSSVATERS

Seit Ende des 20. Jahrhunderts lässt sich ein allgemeiner Bedeutungsgewinn von Großelternschaft im Allgemeinen und Großvaterschaft im Besonderen beobachten. Mehrere Faktoren tragen zu dieser Konjunktur bei:

1. Im Laufe des 20. Jahrhunderts, innerhalb von nur drei Generationen, führte der demografische Wandel zu einer rasanten Veränderung. Der steile Anstieg der Lebens-

erwartung führte zum ersten Mal in der Geschichte zu einer nennenswerten gemeinsamen Zeit von Großeltern und Enkeln. Für die Mehrheit unserer Großeltern hatten Großeltern keine Bedeutung, über zwei Drittel aller Kinder, die vor 1890 geboren wurden, erlebten keine Großeltern mehr und schon gar keine Großväter: Vom Geburtsjahrgang 1871 war jeder zweite Mann mit 45 tot, und nur ein Drittel aller Männer erlebte das 66. Lebensjahr.[9] Erst nach 1950 hatten mehr als die Hälfte aller Zehnjährigen noch eine Großmutter oder einen Großvater. Bei zwei Dritteln der in den 80er Jahren geborenen Kinder waren noch mindestens drei der vier Großelternteile am Leben – nur 20 Jahre zuvor war dies nur bei einem Drittel der Kinder der Fall gewesen.

2. Heute liegt bei Geburt des ersten Enkelkindes der Anteil der noch lebenden Großeltern bei 90 Prozent, und für 20-Jährige ist es wahrscheinlicher, noch eine lebende Großmutter zu haben (90 %) als dass 20-Jährige um 1900 noch eine lebende Mutter (80 %) hatten. Drei Viertel aller Großväter erleben noch die Volljährigkeit ihres ersten Enkelkindes, von den Großmüttern sind es fast 90 Prozent. Die steigende Lebenserwartung, die Großeltern und Enkeln heute 20 bis 30 gemeinsame Jahre schenkt, sind ein »Phänomen der zweiten Hälfte des 20sten Jahrhunderts«[10]. Allerdings wird ein möglicher weiterer Anstieg der Lebenserwartung nicht zu einer weiteren Verlängerung der gemeinsamen Lebenszeit führen, da gleichzeitig auch das Heiratsalter steigt. Das einzige, was in dieser Entwicklung abnimmt, ist die Zahl der Enkel: Großeltern haben heute noch durchschnittlich vier Enkelkinder.

3. Erst seit wenigen Jahrzehnten zeichnet sich eine allmähliche Abkehr von einer defizitär negativen Sicht des Alters ab. Und wenn das Alter abgewertet wird, wenn Alte überwiegend als krank, hilfebedürftig und überflüssig angesehen werden, werden auch Großeltern abgewertet.[11] Mit dem so genannten Dritten Alter, jenem historisch neuen Lebensabschnitt zwischen Berufsaufgabe und einsetzender Gebrechlichkeit, die im Schnitt bei 80 bis 85 Jahren liegt, wird ein überwiegend positives Bild des Alters mit Chancen, Ressourcen und Potenzialen propagiert. Diese 15 bis 20 guten Jahre, die Fortsetzung des Erwachsenenlebens ohne Berufstätigkeit, bieten eine optimale Voraussetzung, um sich der Großelternschaft mit Energie und vielen Ressourcen widmen zu können.
4. Langlebigkeit in Verbindung mit abnehmenden Kinderzahlen führt zu einer Veränderung der Familienstrukturen, was in der Familiensoziologie mit dem Bild der »Bohnenstangenfamilie« beschrieben wird: Einer abnehmenden Zahl von Geschwistern treten immer mehr lebende Vorfahren gegenüber. Dieser »Vertikalisierung der Familienstrukturen« entspricht eine »Vertikalisierung der Bedeutsamkeit der Beziehungen«[12]: Großeltern und Enkel werden wichtiger füreinander, die großelterliche Zuwendung muss durch immer weniger Enkel geteilt werden, die Zuneigungsquote pro Kind steigt.
5. Der familiäre Unterstützungsbedarf von Familien steigt. Die Frauenerwerbsquote nimmt zu und damit auch der Kinderbetreuungsbedarf. Fast jedes zweite Kind im Alter von fünf bis sechs Jahren wird in Deutschland zusätzlich zum Kindergarten auch von der stillen Reserve

Großeltern betreut.[13] Hinzu kommen die seit Beginn der 1980er Jahre steigenden Scheidungsraten, die vermehrte psychische, emotionale und finanzielle Belastungen nach sich ziehen. Dies führt in der Regel zu einem Anstieg der Kontakte zwischen Großeltern und der Ein-Eltern-Familie.[14]

6. Die bis vor wenigen Jahren sinkende Ruhestandsgrenze, die im Osten Deutschlands zeitweise bis auf 52 abgesenkt wurde, führt vor allem bei Männern zur Suche nach neuen, sinnstiftenden Tätigkeiten im nachberuflichen Leben. Wo bei den Vätern und Großvätern nach einem langen Arbeitsleben noch ein paar Restlebensjahre zu erwarten waren, sind Männer heute mit der großen neuen Herausforderung konfrontiert, ihr zweites Leben zu gestalten.[15] Im Übrigen schuf in Deutschland erst die große Rentenreform von 1957, die erstmalig ein auskömmliches und dynamisiertes Alterseinkommen garantierte, die Grundlage für einen solchen entpflichteten Ruhestand, der Spielräume für historisch neue, späte Freiheiten, zu der auch die Großvaterschaft gehört, eröffnet.
7. Viele Männer, die jetzt Großväter sind oder werden, sind von den Werten der 1968er Jahre geprägt, die zu einer radikalen Veränderung der männlichen und väterlichen Rollenerwartung geführt haben. Männer haben sich, angestoßen durch die Frauenbewegung, mit neuen Rollenbildern auseinandergesetzt, haben aktive(re) Vaterschaft praktiziert und haben vielleicht noch den eigenen, womöglich eher distanzierten und autoritären Großvater vor Augen, von dem sie sich positiv absetzen wollen. Sie haben in der Regel eine gute Beziehung zu den eigenen

Kindern in einer Zeit, in der die Generationendifferenzen insgesamt abnehmen. So haben sie beste Voraussetzungen, um auch zu ihren Enkeln eine intensive und liebevolle Beziehung zu entwickeln und sich von Anfang an in deren Betreuung aktiv zu engagieren.

Das Zusammenspiel dieser Faktoren führt geradezu zu einer gegenseitigen Multiplikation ihrer Effekte mit dem Ergebnis der gegenwärtig so hohen Konjunktur von Großelternschaft im Allgemeinen und Großvaterschaft im Besonderen. Dies schlägt sich auch im Kinderbuchmarkt nieder. In einer Recherche zu Kinderbüchern mit Großeltern im Allgemeinen fanden sich immerhin 190 Bilderbücher, in denen speziell die Großvater-Enkelkind-Beziehung im Mittelpunkt steht.[16]

Von der Konjunktur ist es allerdings nicht mehr weit zur Idealisierung, wo Schattenseiten und alles, was die Stimmung verdirbt, keinen Platz mehr haben (dürfen). Großmutter oder Großvater zu sein wird zur rundum erfüllenden Ruhestandsaufgabe deklariert, die für alle drei beteiligten Generationen ein schierer Glücksfall ist oder zu sein hat. Wer (noch) kein Großvater ist, wird bedauert, wer seine Großvaterrolle nicht begeistert lebt, wird schräg angeschaut. Davon wird später noch die Rede sein.

DIE ÜBERSEHENEN GROSSVÄTER

Angesichts dieser gestiegenen und weiter steigenden Bedeutung der Großelternschaft im Lebensverlauf verwundert es umso mehr, dass es im deutschsprachigen Raum bislang nur wenige Untersuchungen zur Großelternschaft gibt. Die meisten Studien kommen aus den Vereinigten Staaten, aber auch dort mangelt es an geschlechtsspezifischen Studien. Die Sozialforscher James Bates und Alan Taylor entdeckten bei einer Durchsicht von hunderten von englischsprachigen Artikeln über Großeltern aus den letzten 25 Jahren lediglich zwölf empirische und begutachtete Artikel über Großväter. Die Familienforscherin Charlotte Ikels bringt das so auf den Punkt: Großelternschaft scheint entweder ein geschlechtsloses oder ein wesensmäßig weibliches Phänomen zu sein. Großväter fallen auf durch ihre Abwesenheit, faktisch sind sie nicht vorhanden. »Wenn von Großeltern die Rede ist, geht es in Wirklichkeit meist nur um Großmütter«, stellt auch der amerikanische Großväterforscher Robin Mann fest. Großmütter dominieren häufig die Interviewsituation und reden auch für ihre Männer; zu viele Fakten sind lediglich von der Großmütterforschung abgeleitet und Großväter werden deswegen im Vergleich oft als defizitär abgewertet; ein großvaterspezifischer Blick fehlt und so wird das spezifische Leistungsvermögen der Großväter nicht in den Blick genommen und unterschätzt. Wenn Großväter lediglich als Kontrastgruppe benutzt werden, werden sie oft als weniger unterstützend und weniger wichtig als Großmütter gesehen. Stattdessen wären ihre positiven Charakteristika und ihre spezifischen Kompetenzen zu würdigen, die Großvaterschaft zu etwas so Einzigartigem machen.[17]

Marjolijn Hof und Susanne Göhlich haben mit »Mein Opa und ich und ein Schwein namens Oma« (Aladin 2014) ein komisches, bisweilen absurdes Bilderbuch geschrieben, in dem sie eine Geschichte immer ein bisschen weiter denken, als wir es gewohnt sind.

Sie erzählen von einem Großvater, der allein auf einem einsamen Bauernhof lebt. Und weil seine Enkeltochter meint, es fehle ihm und ihr eine Oma, nennt sie kurzerhand sein Schwein »Oma«. Wenn ihr Opa anfängt, Pfannkuchen zu backen, dann hört er vor dem nächsten Morgen nicht mehr auf. Da ist es gut, dass »Oma« all die Pfannkuchen auffrisst. Opa und seine Enkelin hüpfen über Gräben, klettern auf Bäume, spielen Nashorn, führen einen Sachentag ein, bei dem man alle Dinge, die man benutzt, um Erlaubnis bitten muss, und am 1. April ist Lügen-Wettkampf. Das kleine Mädchen ist in den Geschichten häufig schon die Große, etwa wenn sie ihren Opa darauf vorbereitet, dass sie irgendwann groß sein werde und dann nicht mehr kommen könne. »Dauert das noch lange?«, fragt der Opa. Na hoffentlich.

2.

ENTWICKLUNGSCHANCEN DES GROSSVATERS

»Eines Abends besuchte uns unsere Tochter und eröffnete uns, dass wir Großeltern werden würden.« Dass seine Tochter irgendwann einmal Kinder bekommen würde, war Joachim klar gewesen, aber dass es so schnell gehen würde, habe ihn dann doch überrascht. Schließlich war sie erst ein halbes Jahr verheiratet gewesen und mit 26 noch ein bisschen zu jung für Kinder, wie er fand. »Aber Kinder kommen nun mal, wann sie wollen …«

Anfangs habe er gar nicht gewusst, wie er mit der Situation umgehen solle, und der Gedanke, Opa zu werden, fühlte sich befremdlich an. »Ich war doch erst 56 und sollte schon Opa werden?« Während der Schwangerschaft habe er sich allmählich immer mehr mit dem Gedanken angefreundet und sein anfängliches Zögern sei einer wachsenden Vorfreude gewichen. Gleichzeitig fiel es ihm aber auch nicht ganz leicht, seine Tochter noch mehr loszulassen. Nun würde sie eine eigene Familie gründen und, wenn das kleine Baby da sei, womöglich keine Zeit mehr für ihren Vater haben? Mittlerweile weiß Joachim, dass diese Gedanken völlig unbegründet waren, denn die Bindung zu seiner Tochter wurde durch das Enkelkind noch viel intensiver.

Dann kam der Tag, an dem sein Schwiegersohn anrief und

ihm mitteilte, dass das kleine Mädchen geboren worden sei. »Sie können sich nicht vorstellen, welche Gefühle in mir erwachten, ich war richtig durcheinander. Jetzt war es so weit – ich bin Opa!« Am gleichen Tag noch der erste Besuch im Krankenhaus: »Ich hatte nur Augen für die Kleine – das war Liebe auf den ersten Blick.« Und so wurde die junge Familie so oft wie möglich zu Kaffee und Kuchen eingeladen, um bei der Entwicklung des Enkelkindes ja nichts zu verpassen. »Als sie die ersten Schritte machen konnte und an meinen Händen durchs Wohnzimmer lief, das war schon toll.« Joachim beobachtete minutiös alle Fortschritte der Kleinen und begeisterte sich an ihrer Sprachentwicklung. »Ein Enkelkind ist so eine Bereicherung, das hätte ich mir so nie vorstellen können.«

Wenn die Enkelin bald in den Kindergarten kommt und seine Tochter wieder arbeiten geht, wird sich seine Frau nachmittags um das Kind kümmern. »Das ist schon ein Grund, auf meine Frau neidisch zu sein«, da er beruflich viel unterwegs sein muss; gleichzeitig hofft er darauf, die Enkelin dann auch öfter zu sehen. Wenn sie etwas größer ist, möchte Joachim mit ihr viele Ausflüge machen, ihr den Wald und seine Geheimnisse zeigen. Er habe für seine Tochter früher nur wenig Zeit gehabt und sei mit ihr auch viel strenger gewesen, jetzt freut er sich, dass seine Tochter einen anderen Erziehungsstil hat und sie sich darin einig sind. »Man denkt, ein Kind verändert nur das Leben seiner Eltern, aber dass es auch das der Großeltern verändert, daran denkt kaum jemand.«

»Großeltern zu werden ist eine der beglückendsten Erfahrungen im Leben«, schreibt der Psychotherapeut Victor Chu, »es fühlt sich wie ein Nachhausekommen an.«[18] Und Großvater zu werden, ist eine Gnade. Denn sie gehört zu einer jener wenigen Beziehungen im Leben, die Mann selbst nicht herstellen kann. Das Zustandekommen der eigenen Partnerschaft und die Geburt der eigenen Kinder waren nur möglich mit zumindest einem gewissen Beitrag des Mannes, Enkel werden einem ungefragt geschenkt. Sie sind ein echtes Geschenk, also zunächst nichts, was man irgendwie gestalten könnte oder worauf man Anspruch hätte; andererseits aber auch nichts, was einen verpflichtet oder was man gar annehmen müsste. Deswegen hat es die Natur gut gefügt, dass nicht nur werdende Eltern, sondern auch werdende Großeltern einen Schwangerschaftsvorlauf haben, eine Zeit, um sich auf ihre neue Aufgabe einzustellen. Die Ankündigung des ersten werdenden Enkels gibt dem Mann Anlass und Gelegenheit, sich mit seiner Vergangenheit und seiner künftigen Rolle als Großvater auseinanderzusetzen.

WERDENDE GROSSVÄTER – DIE CHANCE ZUR SELBSTREFLEXION

Zu dieser inneren Auseinandersetzung gehört auch das eigene Älterwerden. Egal, ob man als junger oder älterer Mann Großvater wird, Enkel lassen einen auf der Generationentreppe eine Stufe nach oben steigen und machen alt. Das könnte Fragen aufwerfen wie etwa:

- Wie alt fühle ich mich, als wie alt sehen mich womöglich andere?
- Kann und will ich mich mit »Opa« anreden lassen oder macht mich das zu alt?
- Welche überkommenen Großväterbilder und -klischees

muss ich in meinem Kopf entrümpeln, um Platz für meine persönliche Rollenfindung zu machen?

Vielfach sind unsere Großväterbilder noch geformt von Männern, die vollkommen anders geprägten Generationen angehörten. Männer, die mit soldatischen Tugenden wie Härte, Selbstverleugnung, Gewalt und anderen Formen lebensfeindlicher Männlichkeit gedrillt wurden, die in den Weltkriegen beschädigt und traumatisiert wurden, die viel Not, Elend und Entbehrungen durchlitten – Erfahrungen, die bis zum Ende der 60er Jahre für diese Generationen prägend waren.

Dem stehen nun ganz andere Großvätergenerationen gegenüber. Männer, die vielleicht noch vor Kriegsende geboren wurden, meist jedoch ohne direkte, selbst erlebte Kriegserfahrungen aufwuchsen. Gewohnt an steigenden Lebensstandard, weitgehende soziale Sicherheit und rasanten technischen und medizinischen Fortschritt können sie mit einer insgesamt deutlich höheren Lebenserwartung rechnen als die Generationen vor ihnen. Sie sind um existenzbedrohende und schmerzhafte kollektive Lebenserfahrungen herumgekommen, ihr gravierendster kollektiver, aber durchaus auch lustvoller Konflikt war der mit den Eltern. Angestoßen durch die Impulse der antiautoritären Bewegung, der sexuellen Befreiung und der Frauenbewegung haben sich diese Männer seit den 70er Jahren des vergangenen Jahrhunderts mit ganz neuen Väter- und Großväterbildern auf den Weg gemacht.

Zum Nachdenken über die inneren Bilder gehört deswegen ganz besonders, sich mit Männerrollen aus drei Generationen zu beschäftigen: Die Reflexion der eigenen Rolle als

Vater, das Nachdenken über das Verhalten des eigenen Vaters als Großvater sowie schließlich die Erinnerungen an den eigenen Großvater.

Klärende Fragen zur eigenen Vaterrolle können etwa sein:

- Wie bilanziere ich meine Rolle als Vater?
- Welche Rollenanteile waren mir wichtig, was hat mir Spaß gemacht und was möchte ich auch als Großvater leben?
- Was habe ich versäumt, was kam zu kurz, was blieb ich meinen Kindern schuldig?
- Welche Rolle will ich keinesfalls mehr spielen, welches Verhalten will ich ablegen?

In der Beschäftigung mit dem eigenen Vater und dessen Großvaterrolle könnte es um Fragen gehen wie:

- Woran erinnern sich meine Kinder, welche guten Geschichten erzählen sie über ihren Großvater?
- Wie gern waren sie mit ihm zusammen?
- Ist ihm der Rollenwechsel vom Vater zum Großvater gelungen?
- Was war problematisch, welche Fehler hat er gemacht?
- Wo war er zu distanziert, wo hätte ich mir mehr Unterstützung und Rückhalt gewünscht?
- Wo hat er sich zu sehr in die Erziehung unserer Kinder eingemischt?
- Wofür bin ich ihm als Großvater meiner Kinder dankbar?

In Erinnerungen an den eigenen Großvater kann man sich fragen:

- Welche Erinnerungen habe ich an meinen Großvater?
- Wenn ich ihn nicht mehr kennengelernt habe – welche Bilder habe ich von ihm?
- War es ein freundlicher, nahbarer Großvater oder ein strenger, abweisender?
- Welche seiner Verhaltensweisen will ich leben, welche keinesfalls?
- Was hat er mir als (heimliches) Erbe mitgegeben, welche Anteile von ihm leben in mir weiter, was davon will ich pflegen und in Ehren halten?

Wo sich die gesellschaftlichen Verhältnisse jedoch so umwälzend verändert haben, wo sich das Vaterbild und die Vaterrolle so radikal gewandelt haben wie in unserer Lebenszeit, ist die Großvaterrolle oft ohne taugliche Vorbilder und muss neu gefunden und gestaltet werden. Deswegen können neben diesen biografischen Erinnerungen vor allem auch andere Männer im Freundes- und Bekanntenkreis, die bereits Großvater geworden sind, hilfreich für die eigene Rollenfindung sein. Sie können befragt und beobachtet werden zu Höhen und Tiefen des Großvaterlebens, zu To-dos und Not-To-dos, zu Anregungen und Tipps für eine gelingende Großvaterschaft.

Und auch zusammen mit der Partnerin kann der Übergang zur Großelternschaft eine Zeit sein, in der die gemeinsame Elternzeit nochmals in den Blick genommen wird und über die künftigen Rollen nachgedacht wird:

- Wie ging es uns damals als junge Eltern?
- Was waren glückliche Momente, was bedauern wir?
- Welchen Stellenwert wollen wir der Großelternschaft in unserem Leben geben?
- Wie wollen wir unsere Rollen gestalten?
- Welche Großelternbilder haben uns jeweils geprägt?

ZUSCHAUER, LIBERO ODER MITERZIEHER

Wenn das erste Enkelkind das Licht der Welt erblickt, erfüllt dies die meisten Großväter mit großer Freude und auch ein wenig Stolz. Die Geburt des Enkelkindes weist über das eigene Leben hinaus, lässt die Familie weiterleben und schenkt ein bisschen Unsterblichkeit; sie vermittelt Hoffnung und Glaube an die Zukunft, wo die Welt doch an so vielen Stellen vor die Hunde zu gehen scheint. »Erst mit den Enkelkindern erfüllt sich für die Großeltern der Generationenauftrag, für Nachkommenschaft zu sorgen – der Fluss fließt weiter und versickert nicht unterwegs«, meint der Psychologe Victor Chu.[19] Aber man muss dieses Geschenk nicht annehmen, auch wenn man dennoch für den Rest seines Lebens – zumindest nominell – Großvater bleibt.

Durchaus berechtigte Prüffragen können sein:

- Will ich die Großvaterrolle wirklich annehmen?
- Fühle ich mich dafür nicht noch viel zu jung?
- Wird sich die vielleicht schwierige Beziehung zu meinen Kindern durch das Enkelkind womöglich zur konflikthaften Dreiecksbeziehung verfestigen?

- Will ich meine endlich erreichte oder am Horizont lockende späte Freiheit durch Kinderbetreuungspflichten gefährden?
- Bin ich kindermüde und froh, meine Kinderbetreuungsaufgaben endlich abgeschlossen zu haben?
- Sind Kinder für mich befremdliche Wesen, mit denen ich nichts anfangen kann oder will?

Großväter haben, wie der Psychologe Andreas Wittrahm schreibt, die Wahlfreiheit, sich in dem großen Spektrum zwischen »Vervollkommnung oder Störung des Lebens« zu positionieren und dementsprechend ihre Rolle zwischen den Polen »Zuschauer, Libero oder Miterzieher« zu gestalten.[20]

Großvaterschaft ist zwar zunächst ein Geschenk, aber wenn man es annimmt, eine Herausforderung, die gestaltet werden will. Im Durchschnitt stehen Großväter ihren Enkeln heute noch etwa 15 bis 25 Jahre lang zur Seite.[21] Das ist eine lange Zeit, die immerhin ein Drittel der gesamten Lebensspanne umfassen kann. Diese Zeit ist nicht statisch, sondern erfordert einen dynamischen Gestaltungsprozess, der sich als einen U-förmigen Entwicklungsweg der Großvater-Enkelbeziehung beschreiben lässt:

1. In der ersten Stufe, während das Enkelkind noch unterwegs ist, geht es darum, die neue Rolle anzunehmen und sich auf die Großvaterschaft einzustellen.
2. Nach der Geburt und im Kleinkindalter will die neue Großvater-Enkel-Beziehung eingeübt und womöglich auch eingefordert sein.

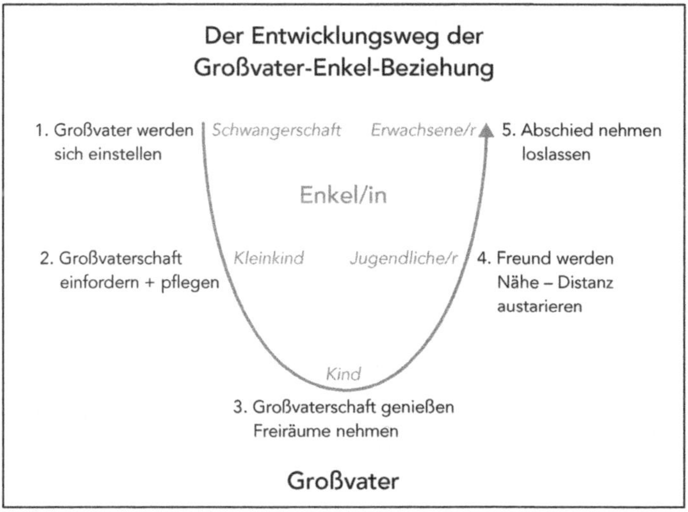

3. In der dritten Stufe, im Kindergarten- und Grundschulalter, schließt sich zumeist die Hoch-Zeit, die Zeit der intensiv gelebten Großvater-Enkel-Beziehung an.
4. Wenn die Enkelkinder zu Jugendlichen heranwachsen, wandelt sich die Beziehung immer mehr zur Begegnung auf gleicher Augenhöhe und wird zu einer besonderen Art der Freundschaft.
5. Schließlich geht es, nicht immer, aber häufig darum, sich als Großvater zurückzunehmen oder sich auch ganz zu verabschieden, wenn die erwachsenen Enkel ihrer Wege ziehen und auch der eigene endgültige Abschied vom Leben ansteht.

OFF-TIME UND ON-TIME GROSSVÄTER

Wer bereits im fünften Lebensjahrzehnt, also mitten in der Rush Hour des Lebens Großvater wird, für den hat Großvaterschaft einen anderen Stellenwert als für den ruhestandsnahen Endfünfziger oder den bereits berenteten über Sechzigjährigen. Während die Älteren einen »on time« Eintritt in die Großeltern-Rolle erleben, steht dem der »off time« Eintritt des Jüngeren gegenüber: Der jüngere Großvater hat womöglich noch eigene Kinder im Haushalt, ist beruflich eingespannt und hat nicht viel Platz und kaum Energie für die aktive Gestaltung einer weiteren sozialen Rolle. Ihm wird es vielleicht schwer fallen, nun mit »Opa« angeredet zu werden und sich dadurch alt gemacht zu fühlen und er wird es womöglich vorziehen, sich vom Enkelkind mit Vornamen ansprechen zu lassen. Eine solche »off time« Großelternschaft führt, so haben Untersuchungen belegt, eher zu einer negativen Einstellung zur Großvaterrolle.[22]

Vielleicht liegt es an seiner Kindheit und Jugend als »nichtsesshafter« Diplomatensohn, dass Björn keine besonderen Probleme mit seinen doch nicht ganz alltäglichen Familienverhältnissen hat. Vier Kinder hat er in die Welt gesetzt, und alle sind sie nicht bei ihm, sondern bei ihren Müttern aufgewachsen. Gerade einmal 20 war er, als er Vater einer Tochter wurde, und die hat mit ihm gleichgezogen und wurde mit 19 Mutter. So wurde Björn bereits mit 39 Großvater eines »zuckersüßen Jungen«. Anfangs engagierte er sich gelegentlich als Babysitter, um der jungen Mutter Freiräume zu erlauben, und gab auch finanzielle Unterstützung. Doch die Beziehung zwischen Vater und Tochter wurde schwieriger, und er hatte immer weniger Lust zuzuschauen, »wie trotz großer Geldnot auch noch das 15. Tattoo sein musste«, und zum Monatsende dann er als Nothelfer regelmäßig das Loch in der leeren Haushaltskasse zu stopfen hatte. Björn, der von sich sagt, dass er »Kinder über alles liebt«, drehte den Geldhahn zu und ging auf Distanz – »wer nicht hören will, muss spüren!« So hat er seinen nun fünfjährigen Enkel in den vergangenen zwei Jahren lediglich sporadisch besucht und kommuniziert mit ihm und seiner Mutter nur noch gelegentlich per Videotelephonie. Der junge Großvater, der sich inzwischen auch von seiner dritten Frau getrennt hat, schmiedet Pläne für eine Übersiedlung nach Übersee. Die große Entfernung zu seinen Kindern und seinem Enkelsohn mache ihm nichts aus, denn »von so einem engen Familienleben halte ich eigentlich nichts.«

Für den älteren Mann könnte Großvaterschaft aber die große zweite Chance seines Lebens sein, die er sich keinesfalls entgehen lassen sollte. Vielen Männern wird erst einige Monate nach Eintritt in den Ruhestand klar, dass sie nun zwar das gelobte Land der unendlichen späten Freiheit erreicht haben, aber dass die Gestaltung ihres nachberuflichen Lebens gar nicht so einfach ist. Die lange geplante Reise ist abgehakt, der Bücherstapel ist abgearbeitet, Haus und Garten sind in Ordnung gebracht – was nun? An Angeboten aller Art für Ruheständler mangelt es zwar nicht, aber was geht über einen bloßen Zeitvertreib hinaus, was macht im nachberuflichen Leben wirklich Sinn?
Der Ruhestand mit seinen im Durchschnitt guten 15 bis 20 Jahren, bevor dann das eigentliche Alter anklopft, ist ein historisch neuer Lebensabschnitt, den unsere Großväter so nicht erleben konnten. Unsere Vorfahren kannten ein langes Arbeitsleben, das sich noch zu Bismarcks Zeiten bis ins

achte Lebensjahrzehnt erstreckte, um dann meist nur noch eine kurze Zeit des Ruhestands, die aber häufig schon von Gebrechlichkeit belastet war, zu erleben. Ruhestand hieß in früheren Zeiten, vielleicht gerade mal noch die Briefmarkensammlung zu ordnen und dann abzutreten. Heute erfreut sich der Mann mit Anfang 60 in der Regel noch guter Gesundheit, geistiger Fitness und vergleichsweise guter materieller Ausstattung und kann sein zweites Leben gestalten und genießen.

RUHESTAND – (UN)HEIMLICHE KRISE UND CHANCE

Der Übergang in den Ruhestand ist jedoch für viele Männer eine Krise, allerdings häufig eine larvierte, versteckte. Sie ist die größte Zäsur im Leben der meisten Männer und erfordert eine Anpassungsleistung und eine Neuorientierung, wie sie ihnen kaum je zuvor im Leben abverlangt wurde. Denn wesentliche Eckpunkte, die dem bisherigen Leben Struktur und Sinn gaben, fallen von einem Tag auf den anderen weg:

- Mit dem Verlust des beruflichen Status gehen öffentliche Anerkennung und Selbstwert verloren.
- Wie im Betrieb, so verblassen auch in der Familie Status und Selbstwert: Ohne die Rolle des Ernährers findet sich der Mann in einem eigentümlich rollenlosen Zustand wieder, der ihm keinerlei Orientierung vermittelt, wie er sich nun zu verhalten hat.
- Beruflich gestiftete Sozialkontakte fallen weg, was Mann

für Freunde hielt, waren nur Kollegen, zu denen meist der Kontakt abbricht.

- Die lebenslang von außen vorgegebene Tagesstrukturierung muss neu gefunden werden. Das ersehnte »endlich Ausschlafen«, die unendliche freie Zeit, können schnell vom Traum zum Alptraum, zur unendlich langen Weile werden.
- Wenn der Mann nach 40 Jahren aus seiner Berufswelt nach Hause kommt und nicht mehr geht, wenn »Papa ante Portas« steht, müssen die Beziehung zur Partnerin, Nähe und Distanz, häusliche Arbeitsteilung, die Partnerschaft überhaupt neu definiert und gelebt werden.
- Die durch die Arbeit vermittelte Sinnstiftung ist Vergangenheit. Vierzig Jahre hatten der Betrieb, die Vorgesetzten, die Karriere das Leben strukturiert und gebahnt, fast alles war von außen vorgegeben. Nun muss der Mann, vielleicht zum ersten Mal in seinem Leben, selbst herausfinden, was seine brachliegenden Gaben und Talente sind, welche ungelebten Anteile und unentdeckten Ressourcen in ihm schlummern, welchen Träumen er sein Leben noch schuldet.

Dies alles kann eine gewaltige Herausforderung bedeuten. Auch wenn die meisten Männer dem Berufsende erwartungsvoll entgegensehen, sich über die neue Freiheit freuen und froh sind, der beruflichen Fremdbestimmung entronnen zu sein, kann der Ruhestand zu einem kritischen Lebensereignis werden. Dies zeigt sich häufig allerdings erst dann, wenn die Ruhestands-Flitterwochen oder -monate abgefeiert sind und der nüchterne Alltag einkehrt. Dann geht es, wie in jeder Krise, um die weitere Lebensorientierung: Bleibe ich in der

Vergangenheit hängen, verkläre das Berufsleben und trauere meiner verblichenen beruflichen Existenz nach? Oder setze ich einen guten Schlusspunkt und werde frei, um den Blick nach vorn zu richten und Neues anzupacken?[23]

JEDER MANN BRAUCHT SEINE TAGESDOSIS AN BEDEUTUNG FÜR ANDERE

Männer brauchen ein Altersprojekt, etwas, das nicht nur willkürlicher Zeitvertreib ist, sondern wirklichen Sinn stiftet. Lebenssinn entsteht vor allem in der Begegnung mit anderen. »Alles wirkliche Leben ist Begegnung«, sagt der Religionsphilosoph Martin Buber, oder wie es der Sozialmediziner Klaus Dörner ausdrückt: »Jeder Mensch braucht seine Tagesdosis an Bedeutung für andere«, denn »Menschen sind nicht nur hilfsbedürftig, sondern auch helfensbedürftig«[24]. Frauen wissen in der Regel um diese sinnstiftende Bedeutung für andere, weil sie einen großen Teil ihres Lebens in der Fürsorge für Kinder und andere Angehörige verbracht und erfahren haben, welches Geschenk dieses Dasein für andere bedeutet. Männern, deren Berufsleben überwiegend aus der Bewältigung von sachlichen und technischen Aufgaben bestand, ist oft viel zu wenig bewusst, was in ihrem Leben bislang fehlte. Männer, die sich gemäß der klassischen Rollenaufteilung vor allem um den materiellen Lebensunterhalt der Familie gekümmert und die Kinder der Frau überlassen hatten, fehlt die Erfahrung, wie bereichernd und belohnend ein geteilter Alltag mit allen Höhen und Tiefen – und nicht nur mit gelegentlichen Freizeitvergnügungen – sein kann.

Die Entwicklungspsychologie geht davon aus, dass nicht

nur die Kindheit und Jugend, sondern jedes Lebensalter seine spezifischen Herausforderungen hat, die angepackt und bewältigt sein wollen. Der Psychoanalytiker Erik Erikson beschreibt in seinem Stufenmodell der psychosozialen Entwicklung, dass auf der vorletzten Stufe im Lebenslauf das Thema »Generativität« ansteht, die Aufgabe, Leben weiterzugeben. Damit sind eine Lebenseinstellung und Haltung gemeint, wo sich Ältere in sozialen Beziehungen »als weise erweisen, kooperativ, kontaktfähig und ihren Sozialpartnern zugewandt«, wo sie »intergenerationelle Beziehungen pflegen, Verantwortung gegenüber den Jungen zeigen, Verantwortung und Macht an die Jungen weitergeben und dabei selbst nicht zur Last fallen« und schließlich, dass sie »die kulturelle Identität ihrer Gesellschaft sicherstellen und wahren helfen.«[25] Wer sich dieser Lebensaufgabe verschließt, dem drohen nach Erikson Stagnation, Langeweile und Vereinsamung.

DAS NÄCHSTE MAL FANG ICH GLEICH MIT DEN ENKELN AN

In einer israelischen Studie konnte nachgewiesen werden, dass nicht nur Eltern, sondern auch Großeltern nach der Geburt ihres ersten Enkelkindes persönliches Wachstum erfuhren. Großvater zu werden bedeutet für Männer, eine neue Perspektive auf die eigene Vaterschaft und auf ihr Selbst zu entwickeln.[26] In einer australischen Studie waren sich die befragten Großväter einig, dass Großvaterschaft definitiv nicht das war, was sie erwartet hatten, sofern sie überhaupt etwas erwartet hatten – die meisten hatten vorher nie darüber nachgedacht. Umso verblüffender war für sie der nun erlebte emotionale Kurswechsel, die mit der Beziehung zu den Enkeln verbundene Gefühlsintensität. Die Männer erfuhren neuen Lebenssinn, eine neue Prioritätensetzung, eine einschneidende Veränderung ihres Lebens, »their second bite of the cherry«, ihre zweite Chance.[27] Erfahrungen, die manche Großväter sagen lassen: Das nächste Mal fang ich gleich mit den Enkeln an!

Eine breit angelegte amerikanische Studie mit 300 Tiefeninterviews konnte ebenfalls belegen, wie wichtig Großelternschaft für die Entwicklung im höheren Lebensalter sein kann. Fünf wesentliche Bedeutungsdimensionen haben sich aus den Gesprächen herauskristallisiert:

1. Zentralität (centrality)
   Die Großelternrolle nimmt in dieser Altersphase eine zentrale Bedeutung im Leben ein.
2. Aufwertung des Alters (valued elder)
   Großelternschaft wird als wertvolle und sozial anerkannte Altersrolle geschätzt und gibt dem Alter seinen spezifischen Wert.
3. Weiterleben durch die Familie (immortality through clan)
   Großelternschaft ist der sichtbare Beweis familialer Kontinuität und vermittelt Unsterblichkeit durch die Generationenabfolge.
4. Biografische Auseinandersetzung (reinvolvement with personal past)
   Großelternschaft erlaubt, durch die Begegnung mit den Enkelkindern eigene Erfahrungen aus Kindheit und eigener Elternschaft noch einmal zu erleben.

5. Altersmilde (indulgence)
   Großelternschaft ist eine Rolle, die gegenüber den Enkeln Toleranz und Nachsicht fördert.[28]

Peter Härtling entwirft in seiner Erzählung »O'Bär an Enkel Samuel. Eine Erzählung mit fünf Briefen« (Kiepenheuer&Witsch 2008) das Porträt einer innigen Großvater-Enkel-Beziehung. In einer anrührenden Verquickung von eigenem Erleben und literarischer Fiktion beschreibt Härtling, wie sich der 75-jährige Großvater von seinem dreijährigen Enkel bezaubern und inspirieren lässt. Der kleine Samuel hilft mit seinen aberwitzigen Wortfindungen und Streichen, seiner überbordenden Fantasie dem alten Schriftsteller aus seiner Schreibblockade heraus. Härtling beschreibt in seinen Briefen diese inspirierende Beziehung und wie wichtig der Enkel für seinen Großvater geworden ist. »Peter Härtling gelingt ein Kunststück: Aus der genauen Beobachtung des Verhaltens und Sprechens eines Kleinkindes erschließt sich ihm ein Weg, von den großen Themen Liebe, Alter, Verantwortung, Tod zu erzählen und den Leser dabei tief zu berühren.«[29]

DISTANZIERTE, STRENGE UND GEIZIGE GROSSVÄTER

Man sollte sich den Entwicklungsaufgaben des Alters stellen, man muss es aber nicht. Neben der überwiegenden Mehrheit der zugewandten und liebevollen Großeltern gibt es auch die anderen. Rund ein Viertel bis ein Drittel aller Großeltern gehört zu:

- den distanzierten, förmlichen, ihre Rolle nicht annehmenden Großeltern;
- den strengen und ungeduldigen Großeltern, die für die junge Generation wenig Verständnis aufbringen;
- den altmodischen – und dazu geizigen – Großeltern, »die nicht mehr à jour sind«[30].

Es sind Großväter, die oft unreflektiert die Vorbilder ihrer eigenen Großväter und Väter übernommen haben, die eine verquere Vorstellung von den pädagogischen Aufgaben eines Großvaters haben und damit ihre zweite Chance verpasst haben. Der nordamerikanische Familienforscher Arthur Kornhaber hat als psychologische Erklärungen hierzu in seinen Großelternforschungen drei typische Störungen des großelterlichen Verhaltens identifiziert:

- Großelterliche Identitätsstörung (Grandparent Identity Disorder):
  Eine bewusste Ablehnung, sich mit einem Enkelkind einzulassen und zu beschäftigen, was oft auf einem übersteigerten Narzissmus basiert.
- Großelterliche Aktivitätsstörung (Grandparent Activity Disorder):
  Dysfunktionale Aktivitäten mit den Enkeln, die entweder zu selten, zu einmischend und übergriffig oder zu unflexibel sind.
- Großelterliche Kommunikationsstörung (Grandparent Communication Disorder):
  Großeltern, die mit ihren erwachsenen Kindern in Fehde leben.[31]

Welche Konsequenzen eine positive Zuwendung zu den Enkeln und damit Bejahung der Entwicklungsaufgaben des Alterns einerseits oder deren Ablehnung andererseits haben kann, hat die Psychoanalytikerin Isabelle Meier mit Archetypen in der Großeltern-Enkelkind-Beziehung belegt. Archetypen sind nach Carl Gustav Jung, dem Begründer der analytischen Psychologie, kulturübergreifende und überdauernde Urbilder im kollektiven Unbewussten der Menschheit. So tauchen in den Erzählungen aller Kulturen typische Altersbilder von guten und bösen alten Männern auf:

Alte Weise wie der Einsiedler Ogrin in Tristan und Isolde, Gandalf im Herr der Ringe, Merlin in Harry Potter, Meister Yoda im Krieg der Sterne – sie alle scheinen ihre Entwicklungsaufgaben des Alter(n)s angegangen und bewältigt zu haben, verkörpern ein größeres Bewusstsein, sind eine Instanz der Moral und Gerechtigkeit und ermutigen den Helden zum Weitermachen.

Die bösen Alten in Kalif Storch, in Fitchers Vogel, im Gestiefelten Kater, in Aladin und die Wunderlampe, Rübezahl oder Saruman, der Gegenspieler von Gandalf – sie lassen sich häufig übertölpeln, weil sie in ihrer Entwicklung stehen geblieben und damit narzisstisch selbstverliebt, besserwisserisch und größenwahnsinnig sind.[32]

AKTIVE GROSSVATERSCHAFT VON ANFANG AN

Will Mann seine Entwicklungsaufgaben anpacken und zu den guten Alten gehören, sollte er nun seine zweite Chance anpacken und von Anfang an eine aktive Großvaterschaft pflegen. Zwar stehen die meisten Männer noch im Beruf, wenn das erste Enkelkind kommt, aber das könnte ein willkommener Anlass sein, in einer Art Ruhestandsvorbereitung beruflich etwas kürzer zu treten und freiwerdende Energien dem neuen Leben zuzuwenden. Nicht wieder warten, bis der Kleine eines Tages Fußball spielen kann, weil es dann im Zweifelsfall für eine intensive und tragfähige Beziehung abermals zu spät sein könnte.

Von Anfang an heißt, sich einmischen und für eine angemessene Beteiligung eintreten, falls Großmutter und Mutter mit dem Neugeborenen eine exklusive Triade formieren sollten, in der Großvater nur am Rande vorkommt. Großvaterschaft kann bedeuten, sich in einer oft weiblich geprägten Familienwelt als Mann einen angemessenen Platz zu verschaffen und einen gleichwertigen Anteil an »Care«, also an Betreuungs-, Fürsorge- und Pflegeaufgaben zu übernehmen. Überlässt der Mann dieses Geschäft den Frauen, kann die Rollenverteilung unter anderem auch zu einer wachsenden Distanz und Konflikten in der Partnerschaft führen: Je mehr Alltag Frauen mit ihren Töchtern teilen, desto weniger bleibt für die Partnerschaft übrig.[33]

Selbstverständlich können Männer, auch ältere, ebenso gut Windeln wechseln wie Frauen, Fläschchen geben und die Kleinen in den Schlaf singen. Zu Anfang mag es noch ein bisschen ungewohnt sein, aber das ist reine Übungssache. Babypflege sollte mit einem guten Selbstbewusstsein gepaart sein, um nicht bei jedem kleinen Piepser das Kind abzugeben oder auch um weibliche Übernahmereflexe abzuwehren, wenn Mutter oder Großmutter der Meinung sein sollten, dass bei ihnen das Kind doch viel besser aufgehoben wäre. Und wenn auch in immer mehr Familien angesichts abnehmender Enkelzahlen ein großelterliches Überangebot besteht, braucht Großvater nicht bescheiden hintan zu stehen – eine Reaktivierung beruflich trainierter Selbstbehauptungsmechanismen könnte jetzt angezeigt und legitim sein.

Einen wichtigen Beitrag für eine aktive Großvaterschaft von Anfang an können dabei die Eltern des Kindes leisten: Beim ersten Besuch der Großeltern nicht der Großmutter, sondern zuerst dem Großvater das Kind in den Arm legen, kann eine wichtige symbolische Stärkung seiner Rolle sein.

»Meine Enkel sind für mich das Beste, was es gibt auf der Welt. Für mich gibt es nichts Negatives am Opa sein.« Philipos' Liebe und Begeisterung für seine Enkel kennt keine Grenzen, und er sieht die drei Kinder seines Sohns fast jedes Wochenende. Dazwischen wird der Kontakt fernmündlich gehalten: »Ich telefoniere jeden Tag mit meinen Enkelkindern.« Immer wieder kommen von dem 63-Jährigen Sätze wie »es ist eine Liebe, da kann nichts reißen. Für meine Enkel höre ich mit dem, was ich gerade mache, sofort auf, damit ich mit ihnen spielen kann.« Mit zwanzig Jahren emigrierte der junge Grieche nach Deutschland, er blickt auf ein hartes Berufsleben als Arbeiter zurück und freut sich auf den Ruhestand. Und wenn ihm auch eine so innige Großvaterschaft nicht unbedingt in die Wiege gelegt wurde, macht er mit seinen Enkeln alles, auch das Windelwechseln, »das macht mir überhaupt nichts aus.« Großvater wurde er mit 52. »Ich habe selber drei Söhne und wollte immer eine Tochter haben. Dass das erste Enkel ein Mädchen war, hat mich sehr, sehr glücklich gemacht.« Philipos hat ein klares Rollenverständnis: »Als Vater kann man mit seinen Kindern schimpfen und auch mal schlagen. Aber als Großvater – niemals! Nicht einmal, wenn sie abends nicht ins

Bett gehen wollen. Alles, was die Kinder machen, ist in Ordnung. Auch wenn mal ein Glas kaputt geht oder ein Fenster. Enkelkinder bekommen die doppelte, dreifache Liebe.« Besonders stolz ist der Großvater auf seinen jüngsten Enkel, der schon mit drei Jahren deutsch und griechisch sprechen konnte. Auch wenn die beiden meist deutsch reden, haben sie so noch eine zweite Sprach- und Verständnisebene, auf der Philipos Kinderverse, Schlaflieder und andere Schätze seiner Kindheit und Jugend lebendig halten und weitergeben kann.

Wieviel Energie diese Behauptung einer aktiven Großvaterposition erfordern kann, belegt die Großelternforschung: Nicht nur wird Großmüttern allgemein eine stärkere Bindung zu den Enkeln als Großvätern zugeschrieben, sondern darüber hinaus Großmüttern mütterlicherseits eine stärkere als den Großmüttern väterlicherseits. Diese so genannte »kinkeeper«-These besagt, dass Generationenbeziehungen grundsätzlich über die weibliche Linie verlaufen, dass also Frauen die Schlüsselpersonen sind, die die Generationen durch vermehrte Interaktionen, emotionale Nähe und durch gegenseitige Ressourcen zusammenhalten.[34] Großeltern mütterlicherseits leben deswegen auch in der Regel näher bei den Enkeln als Großeltern väterlicherseits, was wiederum häufigere Kontakte der weiblichen Linie begünstigt. Der Gerontologe François Höpflinger spricht von einer »Feminisierung familialer Generationenbeziehungen in der zweiten Lebenshälfte«[35].

Diese matrilineare Stärke der Beziehungen könnte einen evolutionstheoretischen Hintergrund haben: Mütter können sich ihres verwandtschaftlichen Bezugs zu ihren Kindern immer sicherer sein als Väter, die Linie vom Großvater zum Sohn und zum Enkel enthält zwei gleich ungewisse Verbindungen.[36] Im biologischen Auftrag, die eigenen Gene weiterzugeben und keine Fehlinvestition in ein Kuckucksei vorzunehmen, hat deswegen die mütterliche Linie viel mehr Gewissheit als die väterliche. Welche Bedeutung die Großmutter mütterlicherseits für eine erfolgreiche Weitergabe der Gene haben kann, haben die Evolutionsbiologen Eckart Volland und Jan Beise herausgefunden. In Kirchenbüchern aus dem 18. und 19. Jahrhundert konnten sie interessante Zusammenhänge entdecken: War die Großmutter bei der Geburt des Enkelkindes noch am Leben, stieg die Überlebenschance des Neugeborenen um 20 Prozent; besonders hoch war die Bedeutung der Großmutter für die Enkel im Alter von 6 bis 12 Monaten, wenn sie abgestillt wurden. Dieser Befund galt jedoch nur für die Großmutter mütterlicherseits. Bei den Großmüttern väterlicherseits ließ sich hingegen ein »Böse-Schwiegermutter-Effekt« beobachten: Ihre Anwesenheit und ihre mutmaßlich negativen Schwangerschaftseinflüsse erhöhten die Kindersterblichkeit in den ersten 30 Tagen. Großväter spielen übrigens bei all diesen Zusammenhängen keine Rolle.[37]

Eine weniger spekulative Erklärung für die geringere Bedeutung der Großeltern und des Großvaters väterlicherseits liegt im Lebensalter. Bei einer durchschnittlichen ehelichen Altersdifferenz von etwa vier Jahren summiert sich dies bei den Großeltern zu einer relevanten Größe. Der Großvater väterlicherseits ist im Regelfall der Älteste im Großelternquartett, und je höher das Alter und je schlechter der Gesundheitszustand der Großeltern, desto geringer ist die Intensität ihrer Interaktionen mit dem Enkelkind.

Darüber hinaus wird die Beziehungsintensität durch

den Familienstand der Großeltern bestimmt. Sind die Großeltern verheiratet oder leben in Partnerschaft, ist die Beziehung zum Enkelkind deutlich stärker als wenn keine Partnerschaft besteht.[38] Als Fazit aus diesen Forschungsbefunden lässt sich für Großväter ableiten: In einem matrilinearen Familiengefüge, wo Großmütter im Allgemeinen und Großmütter mütterlicherseits im Besonderen einen Startvorteil haben, müssen alle Großväter, insbesondere aber Großväter der väterlichen Linie und dabei vor allem die verwitweten oder geschiedenen Großväter die größte Energie aufbringen, um eine stabile Beziehung zu ihrem Enkelkind zu entwickeln.

Wo Großväter also leicht ins Hintertreffen geraten können, kann ihnen eine Unterstützung von außen gut tun. So könnte der junge Vater, der vielleicht von seinem Vater in seiner neuen Vaterrolle gestärkt wurde, umgekehrt dazu beitragen, dass das Kind eine gute Großvaterbeziehung entwickeln kann. Manche jungen Väter legen ihr Neugeborenes zuerst ihrem Vater in die Arme, um so seine Großvaterschaft zu stärken. Weitere mögliche Bundesgenossen sind andere Großväter, deren gute und problematische Erfahrungen hilfreiche und stärkende Anregungen sein können. Das können auch von Bildungsträgern organisierte oder selbstinitiierte Männergruppen sein, in denen Männer sich neben anderen Lebensthemen auch über ihre Vaterschaft und Großvaterschaft austauschen.

Angebote für Männer, Väter und Großväter vor Ort lassen sich über die Dachverbände für Männerarbeit und ihre Mitgliedsorganisationen finden:

www.bundesforum-maenner.de – Bundesforum Männer i Deutschland.

www.männer.ch – Dachverband der Schweizer Männer- und Väterorganisationen

www.dmoe-info.at – Dachverband für Männer in Österreich

Die beiden großen Kirchen in Deutschland organisieren auf der Ebene ihrer Landeskirchen und Diözesen Angebote für Männer:

www.maennerarbeit-ekd.de

www.kath-maennerarbeit.de

Mancherorts werden, etwa in Familienbildungsstätten, auch Großvätertreffs oder organisierte Großväter-Enkel-Aktivitäten angeboten. Diesbezüglich Pionierarbeit leistet das Deutsche Rote Kreuz mit einer breiten Palette von Großväter-Angeboten wie Großväter-Stammtische, Großvater-Kind-Wanderungen, Kanufahrten, Großvater-Enkelkind-Wochenenden.[39] Solche Angebote sind von der Erfahrung getragen, dass Großväter gelegentlich frauenfreie Zonen brauchen, um zu ihrer Rolle zu finden und um eine exklusive Großvater-Enkel-Erfahrung zu ermöglichen.

Gemeinnützige Familienferienstätten in Deutschland bieten Urlaub für Familien in familienfreundlichen Unterkünften zu erschwinglichen Preisen an. Häuser in evangelischer und katholischer Trägerschaft, Häuser der Arbeiterwohlfahrt, des DRK, der Naturfreunde und des Paritätischen Wohlfahrtsverbandes haben sich zur Bundesarbeitsgemeinschaft Familienerholung zusammengeschlossen. Auf der Webseite www.bag-familienerholung.de findet sich ein Katalog mit vielfältigen Angeboten, die in der Regel auch Großvätern und Enkeln offenstehen.

Wenn nun alle Barrieren beseitigt und der Platz im Großelternteam gesichert ist, dann kann es mit den Großvaterfreuden losgehen. Welchen unglaublichen Nachholbedarf viele Großväter haben, die ihre erste Chance als Väter verpasst haben, belegt die Familienforscherin Rosemarie Nave-Herz mit den Ergebnissen einer Befragung, wonach zwei Drittel der Väter, die 1950 geheiratet hatten, noch angaben, dass sie nie mit ihren Kindern gespielt hätten.[40] Und wer nie mit seinen Kindern gespielt hat, kennt auch kaum sein Kind im Manne, das ja zeitlebens zu uns gehört und seinen Platz braucht. Die neue Rolle als Großvater ist daher für viele Männer doppelt neu und ohne ein Orientierung gebendes Drehbuch: Sie haben einerseits zu wenig eigene Erfahrungen als aktive Väter gemacht, und andererseits waren der Vater und die Großväter oft zu wenig geeignete Vorbilder für eine gut gelebte Großvaterschaft. Großvater zu werden ist daher ein neuer unbekannter Kontinent, der Männern viele Entdeckerfreuden und Gestaltungsfreiheit bietet, gleichzeitig aber auch Unsicherheiten beschert.

Der Kontakt mit den Enkeln kann Männern etwas ganz Besonderes schenken, etwas, das vielleicht so nur im Alter möglich ist. Eine neue Begegnung mit der eigenen Kindheit und Jugend, Erinnerungen, die wieder aufsteigen können, Gefühle, von deren Existenz sie nichts mehr wussten. Im höheren Lebensalter können Männer vieles erst so richtig entdecken und empfinden wie etwa die Schönheit der Natur, die wunderbare Vielfalt einer Blumenwiese, den Zauber einer einzigen Blüte; sie reaktivieren etwas längst Vergessenes aus ihren Kindertagen – das Staunen. Aufgewachsen in einer Männerwelt, in der Coolness als eine der erstrebenswertesten Tugenden schien, haben sie sich das Staunen als scheinbare Schwäche abgewöhnt. So wie sie sich als Männer, die im Leben und Beruf allzeit kompetent und umfassend Bescheid wissen sollten, oft jene andere Lebensquelle verschlossen hatten – die Neugierde. Wer teil hat an der Welt der Kinder, wer sich einlässt auf ihren Zugang zur Welt, auf ihre gescheiten »dummen« Fragen, kann ganz neue Lebenslust und Lebensfreude erfahren und sich und seiner Seele viel Gutes tun. Denn »die Seele ist allezeit jung«, wusste schon Meister Eckhart.

Auch wenn das Leben keine To-do-Liste ist und Zeitredakteur Matthias Stolz folglich zu Recht fragt, warum so viele Bücher den Irrglauben verbreiten, das Glück lasse sich Punkt für Punkt erarbeiten,[41] sei hier eine Ausnahme gemacht. Das Buch von Jack Botermans und Frank Van Ark: Opa für Anfänger: 96 Dinge, die ein echter Opa können muss! (Lappan 2007) bietet eine Fülle von Spielen und Bastelanleitungen, an die man sich teilweise noch vom eigenen Vater oder Großvater erinnert und die dem Wunsch des kleinen Enkels gerecht werden, einen Groß-Vater zu haben, der ganz Besonderes kann.

Enkel stellen alle Männlichkeitskonzepte in Frage und eröffnen die Chance, die männliche Rolle weiterzuentwickeln und auszuweiten. »Geniale Naturen erleben eine zweite Pubertät, während andere Leute nur einmal jung sind«, wusste schon Goethe. Enkel sind eine herrliche regressive Einladung, eine wunderbare Erlaubnis, noch einmal in das verlorene Paradies der Kindheit zurückzukehren: »Enkel machen Großeltern jünger, alberner und verliebter«, findet der Religionspädagoge Fulbert Steffensky.[42] Die Erziehungswissenschaftlerin Christine Swientek fasst trefflich zusammen: »Mit den Enkeln darf man (fast) alles, was man mit den eigenen Kindern nicht durfte. Vor allem darf man die Zeit vergessen. Kneten, malen, vorlesen, matschen, Eichhörnchen gucken, verbotenerweise Enten füttern, durch dickes Herbstlaub stapfen – und dann zwei Stunden zu spät zum Essen kommen.«[43] Großväter haben größere Spielräume als Väter. Der Erziehungswissenschaftler Hans Thiersch beschreibt Großelternschaft wie eine »Bühne, auf der Leben in allen Facetten des Miteinanders gelebt wird. Es geht um das Miteinander-Auskommen, um das aufeinander Angewiesen sein, um Verpflichtungen, um Selbsterfahrung und Selbsterfüllung, um Kampf um Anerkennung, um Freude, Vergnüglichkeit, Kränkung und Trauer«.[44] Und schließlich bescheren Enkel zwei besondere Glücksmomente, die den wesentlichen Unterschied zwischen Elternschaft und Großelternschaft ausmachen: Über Enkel kann man sich zweifach freuen: Wenn sie zu Besuch kommen – und wenn sie wieder gehen.

Dieter wurde im Zuge eines Vorruhestandprogramms bereits mit 58 von seinem Konzern »freigesetzt«. Das brachte ihn in die glückliche Lage, seinen Enkel, der im gleichen Ort wohnt, in den ersten drei Lebensjahren fast täglich zu betreuen. So wurde der heute 62-Jährige mit zur wichtigsten Bezugsperson für seinen Enkel. Er ist erster Ansprechpartner, wenn der Junge auf Familienausflügen irgendetwas will oder braucht. »Nur bei Verletzungen und anderen Wehwehchen sind die Eltern die Ansprechpartner.« Dieter sieht sich vor allem als »Freund und Spielkamerad« und in der Rolle des »Unterhalters und Bespaßers«, wobei »der Spaß-

faktor auf beiden Seiten gegeben« sei. Gleichzeitig ist er sich aber auch bewusst, dass er für den Dreijährigen Vorbild ist. »Er ist gerade in einer Phase des Nachahmens, da muss man schon aufpassen, was man tut und wie man sich verhält.«

Seit kurzem geht der Junge in den Kindergarten, darum sehen sich die beiden jetzt nur noch zwei- bis dreimal pro Woche. Das sei einerseits ein wenig schmerzhaft gewesen, aber andererseits auch ganz in Ordnung. Denn »der Junge hat doch ein bisschen stark an meinem Rockzipfel gehangen.« Für den ehemaligen Ingenieur hat sich durch die Geburt des Enkels einiges verändert. »Es ist eine neue Lebenserfahrung dazugekommen, es macht Spaß, sich mit der ganz jungen Generation auseinanderzusetzen. Ich erlebe es sogar intensiver als damals mit der eigenen Tochter.« So viel Spaß er mit dem Kleinen auch hat, gibt er die Verantwortung abends gerne wieder ab und überlässt etwa das Ins-Bett-Bringen den Eltern.

Dieter versucht in der Erziehung seines Enkels all das zu vermeiden, was er von seinem eigenen Vater als negativ erlebt hat. »Oft entscheide ich nach Bauchgefühl, was für den Kleinen gut ist.« Der darf beim Opa vielleicht manches, was zuhause bei den Eltern nicht erlaubt sei. Das trägt ihm von seiner Tochter den gelegentlichen Vorwurf ein, zu nachgiebig zu sein, aber dafür sei seine Frau strenger und sorge für die richtige Balance. Und wenn er selbst einmal etwas strenger wird, dann revanchiert sich der Kleine damit, dass er den Großvater nicht mehr mit »Opa«, sondern mit »Dieter« anredet.

DIE 4 L DES ALTER(N)S: LERNEN, LAUFEN, LACHEN, LIEBEN

Ein weiterer Unterschied von Großvätern zu Vätern besteht darin, dass man selbst als aktiver Vater zwar viel Zeit mit den Kindern hatte, diese aber doch fast immer unter pädagogischen Vorzeichen stand und auch nur selten eine wirklich freie, ungeteilte Zeit war, weil das Spielen in der Regel von der Haushaltsführung oder beruflichen Pflichten überschattet war. Großvater-Enkel-Zeit ist demgegenüber meist entpflichtete und wirklich freie Zeit. Die Beziehung zu den Enkeln ist, wie Steffenski sagt, eine völlig gewaltfreie, wo Sanktionen keinen Platz haben und Großvater und Enkel als freie Partner miteinander aushandeln, was Sache ist. Großväter können nachholen, was sie bei ihren eigenen Kindern seinerzeit versäumt hatten und womöglich gleichzeitig auch das kompensieren, was ihre vom Beruf absorbierten Söhne und Töchter jetzt wiederum ihren Kindern schuldig bleiben.

Wo sonst kann ein in Ehren ergrauter, ernsthafter und seriöser Mann noch einmal seinem inneren Kind so viel Freiheit und lustvolle Ausgelassenheit gewähren? Großväter können noch einmal auf dem Boden liegen und ihre dritte Lego-Phase ausleben, noch einmal in Grimms Märchen eintauchen und mit Meister Eder über seinen Pumuckl lachen. Die grenzenlose Neugierde und das Staunen der Kinder regen zu immer neuen Entdeckungen an, ihr großer Bewegungsdrang fördert die Mobilität, ihr Lachen ist hoch infektiös und ihre bedingungslose Liebe beglückt und nährt die Gegenliebe. Damit bietet der Umgang mit Enkeln all das, was die Alternsforschung mit als die vier wichtigsten Alterselixiere identifiziert hat:

Länger jung, fit, glücklich bleibt und nachweislich läng
lebt, wer den 4 L des Alter(n)s,

- dem Lernen (Neugier),
- dem Laufen (Bewegung und Sport),
- dem Lachen (Humor) und
- dem Lieben (gute Beziehungen)

in seinem Leben genügend Raum gibt.

Thomas S. Eliot, der amerikanische Schriftsteller und Nobelpreisträger, merkte dazu einmal an: »Wenn wir älter werden, wird die Welt immer merkwürdiger ... Alte Männer sollten Forschungsreisende sein.«

www.grosseltern.de ist ein kommerzielles Ratgeber- und Informationsportal für Großeltern, »die das Beste für ihre Enkel wollen«, mit vielen Ideen für Geschenke, Reise- und Ausflugstipps, Tipps für Spiele, Medien und den Alltag, sowie aktuellen Informationen rund um das Enkelkind.

Enkel erschließen darüber hinaus Großeltern die Welt von morgen, halten sie in Verbindung mit dem Neuen, erklären ihnen mit zunehmendem Alter zumindest die technische Welt. Und sie belegen hoffentlich, wie Christine Swientek sagt, »dass die Erziehung der eigenen Kinder wenigstens ansatzweise geglückt ist«[45]. Schließlich verkörpern Enkel Zukunft und das Prinzip Hoffnung in einer Welt, in der man gelegentlich die Augen vor all den Katastrophenbildern verschließen möchte, und zeigen, dass das Leben trotz aller Widrigkeiten weitergeht.

MAILEN, MAILEN, MAILEN!

Wohl dem Großvater, der nicht zuerst ein Flugzeug besteigen muss und dessen Kontakthäufigkeit deswegen von der eigenen Mobilität und ausreichenden finanziellen Ressourcen abhängt. Der dann, aufgrund des hohen Reiseaufwands, dazu neigt, seine Besuche länger auszudehnen, als es seinen Kindern lieb ist, und damit Gefahr läuft zur Last zu fallen. Untersuchungen belegen im Übrigen, dass die Wohnentfernung für die Intensität der Beziehungen zwischen Großeltern und Enkelkindern nicht die entscheidende Rolle spielt.[46]

Außerdem gibt es für die Beziehungspflege inzwischen wunderbare andere Wege – die elektronischen. Wer mit seinen Enkeln, ob fern oder nah, in gutem Kontakt sein will, kommuniziert mit ihnen am einfachsten niedrigschwellig per Mail, in sozialen Netzwerken oder noch besser über Instant-Messaging-Dienste wie »WhatsApp«, die bei Kindern und Jugendlichen an erster Stelle stehen. Diese virtuellen Kommunikationswege haben zudem den Vorteil, dass sie eine eventuelle elterliche Missbilligung oder Zensur unterlaufen können und eine exklusive Großvater-Enkel-Beziehung, womöglich gar mit kleinen Geheimnissen, erlauben. »Mailen, mailen, mailen« ist auch das Rezept des 80-jährigen Fulbert Steffenski, um mit seinen Enkeln in Übersee in Verbindung zu bleiben; mit einer seiner Enkeltöchter schreibt er sogar im Wechsel an einer gemeinsamen Geschichte.[47]

Wie wunderbar Beziehungen auf elektronischem Wege entwickelt und gepflegt werden können, beschreibt Peter Härtling in »Hallo Opa – Liebe Mirjam. Eine Geschichte in E-Mails« (Beltz 2013).

Mirjam ist 14 und steckt voll in der Pubertätskrise. Sie ist zickig und motzig, in der Schule wird sie gemobbt, und natürlich nerven auch die Eltern. Und obwohl auch Opa nervt, schreibt sie ihm Mails und vertraut sich ihm an. Die räumliche Distanz erleichtert es den beiden, sich auch über Schwieriges und Trauriges auszutauschen und auf diesem Weg Gemeinsamkeiten zu entdecken. Erwachsenwerden ist nicht immer leicht, aber auch altwerden ist eben nicht nur ein Zuckerschlecken. Härtling beschreibt den 79-jährigen Großvater zwar nicht als großen Freund der »kuhlen« elektronischen Netzwerke, aber der Kontakt zur Enkeltochter ist ihm wichtig. Und auch sie hängt an ihm: »Du hast immer gemotzt, dass ich ohne Laptop nicht auskomme, aber eigentlich komme ich ohne dich nicht aus.« Die Neugier aufeinander, das Staunen und Wundern, das gelegentliche gegenseitige Foppen führen zu einer großen Nähe und Vertrautheit zwischen Großvater und Enkeltochter.

Moderne Medienkompetenz ist deswegen für alle Älteren ein unbedingtes Muss – je älter umso mehr. Denn wenn die körperliche Mobilität abnimmt und der Bewegungsradius kleiner wird, werden Computer und Smartphone als Fenster zur Welt immer unverzichtbarer. Sie sind das Medium zur Kontaktpflege, zur Informationsbeschaffung wie etwa über Krankheiten, zur Organisation von Dienstleistungen und zur Versorgung mit Lebensmitteln und anderen Gütern. Wer mit modernen Kommunikationsgeräten nicht zurechtkommt, hat es übrigens gut, denn der – vielleicht auch ein bisschen simulierte – Nachhilfebedarf des Großvaters in Sachen Medienkunde ist ein wunderbares intergeneratives Lernfeld. Endlich kann das bislang vom allwissenden Großvater so umfassend belehrte Enkelkind auch einmal zum Experten werden – das tut beiden gut.

VON DER GENERATIVITÄT ZUR GEROTRANSZENDENZ

Im Übergang des Enkelkindes von der Kindheit zur Jugend, wenn die Besuchskontakte seltener werden, weil die zeitlichen Spielräume der Jungen abnehmen, weil die Erwachsenen schwierig werden und der Umgang mit den Gleichaltrigen an Bedeutung gewinnt, wird die elektronische Kommunikation für die Enkelbeziehung meist noch wichtiger. Gleichzeitig ist auch beim Großvater eine Veränderung angesagt: Aus dem fürsorglichen Spielkameraden und gefragten Ratgeber sollte nun der zurückhaltende, großväterliche Freund werden, der den Werdegang des Enkelkindes wohlwollend, aber zurückhaltend beobachtet, sich keinesfalls in dessen Leben einmischt, sondern taktvoll wartet, bis eventuell sein Rat gefragt ist. Nach einer intensiven Beziehung im Kindesalter kann diese Distanzierung schmerzlich sein, aber die Jugendlichen müssen im Heranwachsen eben nicht nur zu ihren Eltern, sondern oft auch zu anderen wichtigen Erwachsenen ihrer Kindertage auf Abstand gehen.

Andererseits sind in dieser Zeit nicht selten gerade Großväter besonders gefragt, wenn und weil sie nicht kontrollieren und maßregeln, sondern verstehen wollen. Dass ihnen die Welt der Jungen in Teilen fremd und manchmal unverständlich ist, sieht der Jugendforscher Klaus Farin als potenziellen Vorteil: »Wer nichts weiß, traut sich auch eher, naive

Fragen zu stellen« und läuft weniger Gefahr als die Eltern, als Besserwisser angesehen zu werden.[48]

Der Psychologe Andreas Wittrahm bringt auf den Punkt, worauf es im Umgang mit den Enkeln im jeweiligen Alter ankommt und welche innere Haltung dies bei den Großvätern erfordert:

- In der Begegnung mit Kindern zählen Emotionalität, Geborgenheit, Sicherheit, Bindung, Wertschätzung.
- In der Begegnung mit Jugendlichen zählen Haltungen und Taten.
- In der Begegnung mit jungen Erwachsenen zählt die Bereitschaft zur Befragung und zur Entschiedenheit.[49]

Wenn die Enkel schließlich vollends erwachsen werden, kann dies einen weiteren Abschied bedeuten, auch wenn Studien darauf hinweisen, dass die Verbindung zu den Großeltern dann oft sogar noch enger werden kann. Die Kontakthäufigkeit zu den Großeltern ist auch bei erwachsenen Enkeln erstaunlich hoch: Rund 40 Prozent sehen ihre Großeltern mindestens wöchentlich, ein Drittel wenigstens einmal im Monat und nur ein knappes Drittel seltener.[50]

Aber auch Großväter altern. Wenn aus Kindern Jugendliche und Erwachsene werden, bewegen sich Großeltern vom dritten, aktiven Alter ins vierte, abhängige Alter. Der fitte Großvater von einst ist nun hochbetagt, seine Welt wird beschränkter und seine Gebrechlichkeit und Hilfsbedürftigkeit nehmen zu. »Großeltern wachsen, älter werdend, aus der Großelternschaft heraus«, sagt Hans Thiersch. »Diese für das Altwerden so charakteristische Erfahrung des Nicht-mehr-mitspielen-Wollens und -Könnens kann sich in der

Großelternschaft intensivieren: Man sieht an den Enkeln so deutlich, was Leben, Lebendigkeit, Unternehmungslust, Aufbruch ist und spürt die zunehmende Distanz zu sich selbst. – Schließlich aber: Die Erfahrung, alt zu sein und aus dem Leben heraus zu fallen, kann sich in der Erfahrung von Großelternschaft einordnen in den weiten Kreis des Lebens, in dem Geburt und Tod, Anfang und Ende aufeinander bezogen sind.«[51]

Spätestens jetzt steht der letzte Schritt in den Entwicklungsstufen des Alter(n)s an. In den Entwicklungsschritten Eriksons geht es in der letzten Lebensstufe um »Integrität«, ein Stadium der Reife mit der Bereitschaft, sein Leben mit allen positiven und negativen Dimensionen zu bejahen. Wem dies nicht gelingt, dem drohen nach Erikson Verzweiflung und Lebensekel.

Vor dem Hintergrund der zunehmenden Lebenserwartung ergänzte der schwedische Gerontologe Lars Tornstam das Stufenmodell von Erikson mit der Frage, wie sich im Alter eine sinnerfüllte Lebens- und Weltbetrachtung gewinnen lässt. Das Konzept der »Gerotranszendenz«[52] beschreibt einen Perspektivwechsel von einer materialistisch und rationalistisch definierten Weltsicht, von einer Anti-Aging-Ideologie zu einer mehr kosmisch und transzendentalen Welt- und Lebensperspektive. Damit verknüpft sind eine weniger Ich-zentrierte Ausrichtung, eine erhöhte innere Verbindung mit früheren und kommenden Generationen sowie ein größeres Bedürfnis nach spirituellen und kosmischen Werten. Oberflächliche soziale Beziehungen werden aufgegeben, bedeutsame Beziehungen intensiviert. Hierzu gehören vor allem die Beziehungen zu den Kindern und

Enkeln, die Gerontologie spricht hier von einer im hohen Alter zunehmenden sozioemotionalen Selektivität.[53] Frühere Gewissheiten wie die Dualität von richtig/falsch oder enge Normen und Rollenvorschriften werden relativiert. Diese Phase ist schließlich auch geprägt durch ein erhöhtes Bedürfnis nach innerem Rückzug, nach »positiver Einsamkeit« (Solitude).[54]

Aus der Großelternschaft herauswachsen heißt heute auch immer öfter, von einer nächsten Generation wieder ein Stück älter gemacht zu werden, eine weitere Stufe aufzurücken und in die neue Rolle als Urgroßeltern hineinzuwachsen. Urgroßeltern, früher ein Ausnahmephänomen, sind eine rasch wachsende Gruppe. Während etwa in der Schweiz zu Beginn des 20. Jahrhunderts nur in einem von hundert Fällen die Urgroßeltern-Generation noch vertreten war, wird dort heute jedes zweite Kind in eine Viergenerationenfamilie hinein geboren. Über ein Fünftel aller Großeltern in Deutschland erlebt noch die Urgroßelternschaft. Rund jede und jeder zehnte 66- bis 71-Jährige hat Urenkel, bei den 72–77-Jährigen sind es schon ein Viertel und bei den 78–83-Jährigen ein gutes Drittel. Urgroßeltern haben jedoch in der Regel für die Urenkelkinder nur eine randständige Position und empfinden sich selbst als rollenlos.[55] Insgesamt gibt es zu Urgroßeltern bislang noch kaum Forschungen, auch wenn immer mehr Kinder inzwischen sogar Ururgroßeltern erleben.

Für Fritz waren seine Kinder und Enkel immer eine große Freude, »eine Zeit, die ich nicht missen möchte.« Der Großvater verbrachte viel Zeit mit seinen drei Enkeln und später auch den beiden Urenkeln; neben vielen Alltagsaktivitäten waren es auch gemeinsame Unternehmungen, die Großvater und Enkel einander näher brachten: Besuche auf der Jugendfarm oder im Vergnügungspark, die Begleitung zu Sportveranstaltungen oder auch die jährlichen Ferienaufenthalte bei den Großeltern. Dabei galt für den 87-Jährigen im Umgang mit seinen Enkeln und Urenkeln immer der Grundsatz: »Wir befehlen nicht, sondern versuchen die Dinge im Gespräch zu klären.«

Besonders ans Herz gewachsen ist dem früheren Mechanikermeister ein Enkelsohn, den sie samt seiner Mutter nach deren Trennung für einige Zeit bei sich zu Hause aufnahmen. Als schönste Erinnerung an diese Zeit sind dem Großvater die Samstage geblieben, wenn der Kleine morgens ins Schlafzimmer tippelte und fragte »Opa, darf ich zu dir kommen?« Noch heute kommen ihm die Tränen, wenn er sich daran erinnert, wie der Dreijährige jeden zweiten Samstag vergeblich auf seinen Vater wartete, der von seiner Familie nichts mehr wissen wollte.

»Ich habe immer auf eine gute Gemeinschaft geachtet«, sagt er, und danach lebe die Familie noch heute. So werden alle Geburtstage von Jung und Alt gemeinsam begangen. Verbunden hat die Familie auch das gemeinsame Arbeiten, denn »was am stärksten verbindet, ist das gemeinsame Schaffen – jeder hilft bei uns jedem.« So stand es für den Enkel auch außer Frage, seine Großeltern beim Umzug ins Betreute Wohnen zu unterstützen, als die Großmutter durch einen Schlaganfall halbseitig gelähmt wurde. Wenig später traf auch Fritz ein Apoplex, und nun sind die beiden froh, gut versorgt in einer altersgerechten Umgebung zu leben.

Weil sich der Radius des vormals so reiselustigen Paares radikal einschränkte, kommen jetzt die Kinder und Kindeskinder so oft wie möglich zu ihren (Ur)Großeltern. Wo andere Hausbewohner sich über ihre Enkel nur aufregen würden, genießen die bei-

den ihre guten intergenerativen Beziehungen. »Man muss vor allem zuhören können und die Enkel zuerst einmal reden lassen, dann kann man auch gelegentlich seine Meinung sagen.« Vor einiger Zeit brachte sein Enkel einen Computer mit, um auch auf diesem Weg miteinander kommunizieren zu können. Aber auch wenn Fritz im Betrieb immer für technische Neuerungen aufgeschlossen war, schafft er das heute nicht mehr. Der Schlaganfall hat seinen Tribut gefordert.

KINDERPFLEGE IST NATUR, ALTENPFLEGE IST KULTUR

Es gibt eine, allerdings unter Sozialforschern strittige Hypothese der »selektiven Investitionen«, wonach Großeltern in die nachfolgenden Generationen vor allem aus der Sorge heraus investieren, eines Tages bei Pflegebedürftigkeit versorgt werden zu müssen. Dass sie sich deswegen bevorzugt um jene Enkel kümmern, deren Eltern die höchste Wahrscheinlichkeit haben, sich für die Kinderbetreuung dereinst erkenntlich zu zeigen.[56] Ob ein solch versorgungsstrategisches Kalkül wirklich aufgeht, sei dahingestellt, zumal Enkel sich selten an der eigentlichen Pflege beteiligen. Aber zweifellos wird eine von Anfang an enge und liebevolle Großeltern-Enkel-Beziehung die Neigung der Jungen erhöhen, sich später um die Alten zu kümmern. Dieses Kümmern könnte im Übrigen dadurch gefördert werden, dass man als Großvater nicht zu lange an alten Männlichkeitsidealen wie Selbstständigkeit und Autonomie festhält. Der Gerontologe Andreas Kruse beschreibt mit den vier Begriffen

- Selbstständigkeit
- Selbstverantwortlichkeit
- Mitverantwortlichkeit
- Abhängigkeit

zentrale Leitbilder für das Leben im Alter. Die wichtigste Entwicklungsaufgabe in der Hochaltrigkeit ist dabei die »bewusst angenommene Abhängigkeit«, die es – besonders für Männer – zu lernen und anzunehmen gilt.[57]

Familiäre Pflege ist keine selbstverständliche Pflicht der Kinder, denn »Kinderpflege ist Natur, Altenpflege ist Kultur«, wie ein Sprichwort sagt. Pflege im Alter muss als eines der wichtigsten Familienthemen rechtzeitig, das heißt vor Eintritt der Pflegebedürftigkeit, mit allen potenziell davon Betroffenen ausgehandelt werden. Am sinnvollsten in einer Familienkonferenz mit offenem Ergebnis, in der Jung und Alt ihre Erwartungen auf den Tisch legen, die Möglichkeiten und Grenzen familialer Betreuung erörtern und sich über die Bedingungen eines Pflegearrangements verständigen. Dies kann, muss aber nicht auf häusliche Pflege hinauslaufen, denn »die Muttermilch fließt nicht nach oben, sondern nach unten«, wie der Philosoph Peter Sloterdijk in einem Vortrag einmal sagte. In einem richtigen Verständnis von Generativität im Alter muss neben die bewusst angenommene Abhängigkeit auch die »Selbstverantwortlichkeit« gestellt werden, nämlich »Verantwortung für sich selbst zu tragen und dadurch der jüngeren Generation nicht zur Last zu fallen«[58].

José Luis Sampedro: Das etruskische Lächeln (Goldmann 2004)
Salvatore, der alte Widerstandskämpfer aus Kalabrien, ist an

Krebs erkrankt. Sein Sohn überredet ihn, zu ihm nach Mailand zu kommen, weil nur hier Heilung zu erhoffen ist. Salvatore verlässt sein vertrautes Heimatdorf und reist nach Mailand, obwohl er die Großstadt hasst. Wie ein knurrender Hund betritt der starrsinnige und stolze Bauer die Tristesse der verhassten Großstadt. Doch es bleibt nicht finster, der gerade einmal drei Monate alte Enkel erweicht die harte Schale des alten Revoluzzers und zieht dem Alten den Stachel des Ärgers aus dem Herzen. Der nörgelnde Macho, der aus dem Kleinen einen echten Mann machen will, wird selbst von dem Jungen geformt. Salvatore lernt in der Liebe zu seinem Enkelsohn, in Mitgefühl und Schmerz, eine Gefühlswelt kennen, die er sein Leben lang ignorierte. Diese berührende Geschichte handelt, wie Sampedro erklärte, »von einer ersten und einer letzten Liebe« – und damit von Geburt und Tod.

3.

CHANCEN FÜR DIE ENKEL

Achmed hat es weit gebracht. Anfang der 70er Jahre aus Marokko nach Deutschland gekommen, war es für den damals 20-Jährigen klar, dass er sich schnell in das fremde Gastland integrieren wollte. »Das war damals noch einfacher, denn ich war nur unter Deutschen, und auf der Straße wurden Menschen mit anderer Hautfarbe noch freundlich angelächelt«. Er brachte es bis zum Teamleiter in einem Großbetrieb und kann nun mit 63 Jahren seinen materiell gut abgesicherten Ruhestand genießen, es reicht sogar noch zu Bausparverträgen für die Enkel. Seine größte Freude sind seine beiden acht- und vierjährigen Enkel, die in der Nachbarschaft wohnen. Für sie hat er erst jetzt so richtig Zeit, und die beiden kommen jeden Tag zu ihm. »Ein Leben ohne Kinder und Enkel ist für mich nicht vorstellbar.« Aufgewachsen in einer Großfamilie ist ihm auch in Deutschland wichtig, dass die Familie zusammenbleibt. Da seine Frau noch berufstätig ist, unternimmt er mit seinen Enkeln so viel wie möglich, macht Ausflüge und arbeitet mit ihnen in seinem Schrebergarten. Er freut sich, dass sie ihn nicht »Opa«, sondern »Opi« nennen, denn »Opi« ist für ihn gleichbedeutend mit »den Kindern ein Freund sein«.

Seinen Söhnen war er ein strenger Vater, gelegentlich gab es auch etwas hinter die Ohren. Bei den Enkeln weiß er, dass es nur im Guten geht, und er will die Zeit mit ihnen einfach genießen. Denn »wer weiß, wann sie nicht mehr kommen wollen.« So fühlt er sich »nur fürs Schöne« zuständig, und wenn seine Enkel dereinst mit guten Erinnerungen an ihren Großvater denken würden, wäre das für ihn das größte Glück. »Wenn man früh etwas mit den Enkeln macht, hat man auch später was von ihnen.« Er will aber nicht nur Freund, sondern auch Vorbild sein, vor allem in religiösen Fragen. Weil sein Sohn beruflich eingespannt ist und der Schwiegertochter der Glaube nicht das Wichtigste ist, will er seinen Enkeln einen lebendigen Islam vorleben und weitergeben. Denn der ist für ihn ein unverzichtbarer Traditions-, Werte- und Lebensrahmen.

Achmeds Wahlspruch ist: »Arbeite, als ob du ewig leben würdest. Glaube, als ob du heute sterben müsstest.« Dass dieser Satz vom römischen Philosophen Seneca stammt, ist ihm womöglich so wenig bewusst wie seine kleine Modifikation: Seneca sprach nicht von »Glaube«, sondern von »Liebe«.

Abnehmende Kinderzahlen, zunehmende Frauenerwerbsquoten und steigende Scheidungsraten führen immer wieder zu Klagen über den angeblichen Niedergang der Familie. Wir haben es jedoch nicht mit dem Untergang, sondern mit einer Transformation der klassischen Kernfamilie zu tun, was wie alle Veränderungsprozesse Licht- und Schattenseiten hat. Das Bild vom alleinverdienenden Ehemann mit treusorgender, häuslicher Gattin inmitten einer Schar von Kindern verblasst, dafür entwickeln sich erweiterte Formen familialer Beziehungen.

Die Großeltern-Enkel-Beziehung gehört zu den Gewinnern dieses Wandels. Was der Familiensoziologe Vern L. Bengtson für die nordamerikanische Gesellschaft feststellt, gilt auch für uns: Für das Wohlergehen und den Beistand über den Lebenslauf sind multigenerationale Bindungen zwischenzeitlich bedeutsamer als die Bande der Kernfamilie geworden.[59] Und die ältere Generation hat mehr zu geben als jemals zuvor. Nie vorher war sie so gut ausgebildet, bei so stabiler Gesundheit, besser qualifiziert und wirtschaftlich unabhängiger als heute. Die Beziehungen zwischen Enkelkindern und Großeltern entwickeln sich, so stellt inzwischen auch das deutsche Familienministerium fest, »zu tragenden Pfeilern im familialen Generationenverbund«[60].

VOM AUTORITÄREN ZUM LIEBEVOLLEN GROSSVATER

Früher zählten Enkelkinder in Befragungen häufig ihre Großeltern nicht zu den Familienmitgliedern, heute gehören sie in der Regel fraglos dazu und rangieren gleich nach den Eltern.[61] Auf die Frage nach den wichtigsten Personen in ihrem Leben ergab eine Befragung der ersten Jugendgeneration des 21. Jahrhunderts bei den 10- bis 12-jährigen Kindern folgende Rangreihe:

1. Mutter
2. Vater
3. Großmutter mütterlicherseits – gleichrangig mit Haustieren
4. Großmutter väterlicherseits
5. Großvater mütterlicherseits
6. Großvater väterlicherseits – gleichrangig mit Geschwistern und gutem Freund/guter Freundin.

Bei Jugendlichen zwischen 13 und 18 Jahren rutschen erwartungsgemäß die Gleichaltrigen in der Gunst nach vorn: Gute Freunde und Geschwister liegen vor der Großmutter mütterlicherseits, während danach die übrigen Großeltern, gleichauf mit dem Hund, die Wertschätzung der Enkel teilen müssen.[62]

Auch der Schweizer Gerontologe François Höpflinger belegte in einer der wenigen Befragungen, bei der nicht nur die Großeltern, sondern auch die Enkel befragt wurden, die guten intergenerationellen Beziehungen: Die rund 650 befragten 12–16-jährigen Enkel schätzten ihre Großeltern mehrheitlich als großzügig, liebevoll und gesellig sowie vielfach auch als humorvoll und tolerant ein.[63]

Im Generationen-Barometer, einer repräsentativen Befragung zum Generationenverhältnis, gaben zwei Drittel aller 16- bis 29-Jährigen an, von ihren Großeltern geprägt worden zu sein und etwas von ihnen gelernt zu haben. Eine Generation zuvor sah dies noch ganz anders aus: Bei den über 60-jährigen Befragten hat nicht einmal die Hälfte derartige gute Erinnerungen an ihre Großeltern, an die sie sich zudem als sehr alte Menschen erinnern, die kaum noch in der Lage waren, auf ihre Enkel einzugehen; abgesehen davon hat ein Fünftel dieser Älteren seine Großeltern überhaupt nicht mehr kennengelernt.[64]

Diese hohe Wertschätzung der Enkel für ihre Großeltern beruht auf Gegenseitigkeit: Drei Viertel aller Großeltern mütterlicherseits und zwei Drittel der Großeltern väterlicherseits verbindet eine »von Zuneigung und liebevoller Zuwendung geprägte und vertrauensvolle Beziehung«[65] mit ihren Enkelkindern. Einen interessanten geschlechtsspezifischen Zusammenhang belegte eine weitere Studie: Speziell für Enkelsöhne ist es von großer Bedeutung für ihre Entwicklung und ihr Wohlbefinden, wenn sie sich von ihrem Großvater geliebt fühlen.[66]

»Es war für mich immer etwas sehr Besonderes, dass mein Opa in meiner Grundschule Hausmeister war. Schon bevor ich in die Schule kam, war die Schule für mich ein großer Spielplatz. In den Ferien durften wir Enkel zusammen in den Gängen und Klassenzimmern spielen oder zusammen mit unserem Opa im Keller die großen Heizkessel ansehen. Dabei bewunderte ich ihn immer, denn er besaß die Schlüssel, die uns alle Türen öffnen konnten. Und wie war ich erst stolz auf meinen Hausmeister-Opa, als ich dann in die Schule kam! Alle Lehrer, der Rektor, die Putzfrauen, die Eltern und wir Schüler schätzten meinen Opa in seiner liebevollen und freundlichen Art und für seine gute Arbeit. Er steckte viel Zeit und Herzblut in seine Arbeit. Er wollte immer, dass alles sauber und perfekt ist. Während der großen Pause verkaufte mein Opa Getränke an die Schüler. Dabei saß ich immer neben dem Verkaufsfenster, um bei ihm zu sein und mit ihm reden zu können.

Ich bewundere meinen Großvater sehr, auch weil er bereits als Kind viel mitmachen musste. Als er fünf war, fiel sein Vater im Krieg, kurz danach verlor er auch seinen ältesten Bruder. Seine Mutter musste nun drei kleine Jungs allein großziehen. So wuchs mein Großvater ohne ein männliches Vorbild auf. In meinen Augen lebte mein Opa nie eine typische Männerrolle. Er steht schon mal in der Küche und kocht für meine Oma oder für uns Enkel. Er erledigt auch andere Aufgaben im Haushalt wie saugen, Küche aufräumen oder Bad putzen. Und so hat er auch meinen Vater erzogen. Mich hat das in meinem Rollenverständnis als Mann sehr geprägt.

Mittlerweile geht es meinem Opa leider gesundheitlich nicht mehr gut. Er hat schon viele Operationen hinter sich und leidet, trotz Tabletten, ständig unter Schmerzen. Trotzdem tut er weiterhin alles für seine Familie und muss immer etwas zum Arbeiten haben. Opa ist für mich eine der wichtigsten Personen. Mit ihm konnte und kann ich nach wie vor viel Spaß erleben. Er ist mein großes Vorbild und hat mir viele wichtige Lebenseinstellungen vermittelt.«

Nach Auffassung der Kulturanthropologin Charlotte Ikels haben Großeltern und Enkel eine besondere Affinität. Beide, die Alten und die Jungen, stehen am Rande der Gesellschaft: Die einen ziehen sich allmählich aus ihr zurück, während die anderen allmählich in sie hineinwachsen. So sind sie gleichsam natürliche Verbündete gegen die mittlere Generation, die sie beide von Macht und Prestige ausschließen.[67] Das könnte ein Grund für die häufig beobachtete enge Beziehung zwischen Großeltern und Enkeln sein.

Großeltern sind oft eine ausgleichende Instanz: Sind Eltern (zu) streng, neigen Großeltern eher zum Verwöhnen, während im umgekehrten Fall Großeltern stärker auf die Einhaltung klarer Werte und Grenzen achten.[68] Selbstverständlich dürfen sie jedoch nicht zu Komplizen werden, die sich offen gegen die mittlere Generation stellen, sonst droht der Kontakt unterbunden zu werden oder die Kinder geraten in unlösbare Loyalitätskonflikte.

Aber diese Gefahr besteht im Regelfall nicht. Im Generationen-Barometer wird eine hohe intergenerationelle Übereinkunft in pädagogischen Fragen sichtbar. Rund 40 Prozent aller Großeltern stimmen in ihren Ansichten mit Eltern vollständig überein, nur eine Minderheit von 5 Prozent denkt über die Erziehung gänzlich anders als die Eltern. Allerdings haben rund 50 Prozent aller Großeltern manchmal andere Erziehungsvorstellungen als die Eltern. Umso mehr überrascht, welch hohen Stellenwert Eltern der pädagogischen Kompetenz der Großeltern zumessen. Auf die Frage, woher man gute Tipps und Ratschläge für die Kindererziehung bekommt, rangieren für jedes zweite Elternpaar nach anderen Eltern die eigenen Eltern und Schwiegereltern an zweiter Stelle.[69]

DER ZUGEWANDTE ENTWICKLUNGSPARTNER

Was schätzen Enkelkinder an ihren Großeltern? Die Großeltern-Enkel-Beziehung ist ein weitgehend macht- und sanktionsfreier Raum, in dem es größere Freiheiten gibt, wo nicht ständig erzogen werden muss und wo mehr Gelassenheit möglich ist. Dort kann schon auch einmal ein Geheimnis gut aufgehoben sein, weil es nicht an die Eltern weitergeleitet werden muss. Dabei kommt es darauf an, dass die Beziehung des Großvaters zum Enkel nicht einfach die Beziehung zum eigenen Kind wiederholt, denn damit kann er nur scheitern. So zeigt ein Blick auf das Generationen-Barometer, wie sehr sich die Zeiten geändert haben: Während über 70 Prozent der über 60-Jährigen ihre eigene Erziehung als streng erinnern, würden das heute weniger als 10 Prozent der 16 bis 29-Jährigen für sich so einschätzen. Und nur ein Drittel aller über 60-Jährigen hat den Vater als eher liebevoll erlebt.[70]

Gute Großväter sind gelegentlich verwöhnende, liebevolle und zugewandte Ansprechpartner, die ihren Enkelkindern einladende Entwicklungspartner in einer besonderen Beziehung sind. Großväter sollten keine strafenden Erzieher und Ratschläger sein – das mag das Geschäft der Eltern bleiben. Das alte Bild vom weisen Großvater, der seinen dankbar zuhörenden Enkeln Lehren fürs Leben mit auf den Weg gibt, entspringt eher dem Wunschdenken der Alten als den Bedürfnissen der Jungen. Kinder haben kein Interesse an Vorratslernen, sondern wollen auf ihre Fragen Antworten bekommen, die zwar ausreichend, aber nicht erschöpfend sind. Im Übrigen merkte dazu einmal Lemmy Kilmister, Gründer der Rockband Motörhead, trefflich an: »Was kann man einem Zwanzigjährigen schon sagen, wenn man 63 ist? Die Fehler, die ich gemacht habe, gibt's schon gar nicht mehr.«

Großeltern und – zumindest jüngere – Enkel haben eines gemeinsam, was der mittleren Generation meist fehlt, nämlich Zeit. Das ist das Wichtigste, was Großeltern ihren Enkelkindern bieten können. Zeit zum Spielen, Zeit zum Zuhören, Zeit für Verrücktes, Zeit und Lust für all die Aktivitäten, die Kinder mit ihren Eltern nicht machen können. Dabei könnte den Großvätern etwas zu Gute kommen, was der Entwicklungspsychologe Rolf Oerter vor allem bei älteren Männern beobachtet: »Die emotionale Kontrolle scheint zurückzutreten und in Manchem scheinen Ältere ähnliche Vorlieben und Haltungen wie Kinder zu haben«.[71] Großeltern können zudem mit ihrem großen Repertoire an Liedern, Reimen und Sprachspielen eine wichtige Rolle beim Spracherwerb übernehmen. Sie können auch einen Beitrag zur Pflege der jeweiligen Mundart leisten, wo Eltern oft bemüht sind, die Bildungschancen ihrer Kinder durch das Einüben von Schriftdeutsch zu erhöhen und so mitschuldig werden am Verschwinden unserer Dialektvielfalt.

Zeitschriften für Großeltern lassen sich im deutschsprachigen Raum derzeit nur in der Schweiz finden, eine weitere gibt es in den USA. Zwei Magazine in Deutschland wurden offenbar mangels Resonanz eingestellt.

www.grosseltern-magazin.ch Grosseltern – Das Schweizer Magazin über das Leben mit Enkelkindern

www.grandmagazine.com GRAND – Lifestyle Magazine for awesome (= fantastische, großartige) Grandparents (USA)

Großeltern sind aus Kindersicht unglaublich alt. Deswegen sind für Kinder die Anreden »Oma« und »Opa« oder »Omi« und »Opi«, um die Großelternpaare zu unterscheiden, stimmig, zumal diese Begriffe in den für sie zuweilen verwirrenden Familienbeziehungen die größte Klarheit vermitteln. Großeltern verkörpern eine lebendige und anschauliche Verbindung zur Vergangenheit und Geschichte, was den zeitlichen Lebensraum der Kinder zurück zur vorletzten Generation erweitert. Oft ist dies der erste und einzige konkrete Zugang zur Geschichte. »Die Jüngeren brauchen Geschichte als Geschichten, sie brauchen ein lebendiges kollektives Gedächtnis, um sich verorten zu können und um aus Geschichte lernen zu können.«[72] Großeltern können die Frage nach der eigenen Herkunft beantworten, nach dem persönlichen Hintergrund, nach der Familiengeschichte. Sie geben ein Wissen weiter, das exklusiven Charakter hat. Zur Familiengeschichte gehören gelegentlich auch Geschichten über Eltern, die den Enkeln deren scheinbare Allmacht und Unfehlbarkeit zu relativieren helfen oder auch den Kindern helfen, ihre Eltern besser zu verstehen.

KEEPERS OF MEANING

Großeltern werden als wesentliche Träger und Vermittler überdauernder Werte gesehen, sie sind »keepers of meaning«[73]. So gaben in der Kirchenmitgliedschaftsuntersuchung der evangelischen Kirche in Deutschland sieben von zehn der befragten Kirchenmitglieder an, »eher positiv« von ihren Großeltern bei der Entwicklung ihres Verhältnisses zu Religion, Glaube und Kirche beeinflusst worden zu sein.[74]

Joachim wünscht sich, dass seine Enkelin christlich erzogen wird und ist froh, dass seine Tochter diese Ansicht mit ihm teilt. Er spricht mit seinem kleinen Enkelkind immer ein Tischgebet, singt und betet mit ihr vor dem Schlafengehen und möchte ihr auch bald eine Kinderbibel schenken, so wie auch er seine erste Bibel vom Großvater geschenkt bekam. Diese kleine Familientradition ist ihm wichtig.

Die besondere Attraktivität von Großeltern beruht vor allem auf exklusiven Aktivitäten, also allem, was Kinder mit ihren Eltern oder anderen Erwachsenen nicht erleben; mit dem Großvater etwas zu tun, was der Vater nicht kann oder will, ist für Kinder das Besondere. Dazu gehört außerdem alles, was Kinder zwar kennen, was bei den Großeltern jedoch anders gehandhabt wird und anderen Spielregeln folgt. Und schließlich kann das Besondere nicht nur im Tun, sondern auch im Lassen liegen. Beim Großvater kann man es vielleicht zulassen, das Smartphone abzuschalten und eine elektronische Chill-out-Zone zu genießen, um dann gemeinsam eine spannende Welt jenseits der virtuellen zu entdecken.

Die meisten Großelternstudien belegen, dass das Geschlecht des Enkelkindes weder für die Zahl der Kontakte noch für die Art der Aktivitäten eine Rolle spielt. Großväter unterscheiden diesbezüglich nicht zwischen Jungen und Mädchen. Allerdings gibt es Unterschiede, was die bevorzugten Aktivitäten der Großeltern betrifft. Während Großmütter mit ihren Enkeln etwas häufiger zum Einkaufen gehen und ansonsten eher häuslich orientiert sind, treiben Großväter mehr Sport, werkeln öfter und sind häufiger außerhäuslich unterwegs. Darin spiegeln sich die lebenslang praktizierten Geschlechterdifferenzen von drinnen und draußen.

Dauerhaft zu Hause zu sein kann für Männer problematisch sein. Während für Frauen das Zuhause deren weibliche Identität bestärkt, fühlen sich Männer dort deplatziert und in ihrer Identität gefährdet. Ihre Welt als Geldverdiener war draußen, in Betrieb und Öffentlichkeit, wo sie mit anderen Männern in Verbindung und in ihrer Männlichkeit stabilisiert waren, im Ruhestand sind sie aus dieser aktiven Männergesellschaft ausgeschlossen. Die britische Sozialforscherin Anna Tarrant stieß in Interviews mit Männern im Ruhestand immer wieder auf die Befürchtung, dass die nachlassende Produktivität ihren Altersabbau beschleunigen würde, wo sie doch nahezu alle Aktivitäten, die in ihrem bisherigen Leben von Bedeutung waren, zurücklassen mussten. Immer wieder hörte sie die Klage, dass sich die Männer zu Hause die meiste Zeit unfähig fühlten, bei sich zu sein.[75] Enkel bieten für Großväter deswegen die willkommene Chance, das Haus zu verlassen und einen Teil ihres bisherigen außerhäuslichen Lebens fortzuführen.

Immer wieder wurde in früheren Studien festgestellt, dass die Beziehung der Enkel zur Großmutter intensiver ist als zum Großvater. In der aktuelleren Schweizer Großeltern-Enkel-Studie konnten keine Unterschiede in der Beziehungsqualität festgestellt werden. Großväter bauen heute ebenso starke Bindungen zu ihren Enkelkindern auf wie Großmütter. Dass die Beziehungen zwischen Großmüttern und Enkeln häufig als intensiver beschrieben werden, führen Höpflinger und Hummel lediglich auf den Umstand zurück, dass Großmütter meist länger leben und eine längere Beziehung pflegen können, was den Eindruck einer intensiveren Qualität entstehen lässt.[76]

DER HINREICHEND GUTE GROSSVATER: ABSTAND UND INTIMITÄT

Es gibt in der Großelternforschung eine ganze Reihe unterschiedlicher Typisierungen von Großvätern.[77] Nicht selten steckt hinter solchen Kategorisierungen auch die Suche nach dem optimalen, dem »richtigen« Großvatertyp. Die medial beförderten »neuen Großväter« laufen damit, wie schon die »neuen Väter« Gefahr, einem Ideal hinterherzujagen, das es nicht gibt und auch nicht geben sollte. Denn der Vergleich mit einem angeblichen Ideal erzeugt im Zweifelsfall nicht den Großvater mit dem besseren Verhalten, sondern den Großvater mit dem schlechteren Gewissen.

Der englische Kinderarzt und Psychoanalytiker Donald Winnicott kam in seinen umfangreichen Studien zu dem Ergebnis, dass eine Mutter nicht immer gut sein und ihr Baby verstehen muss. Für eine gesunde Entwicklung ist es förderlicher, wenn sie eine »hinreichend« gute Mutter ist. Mütter und Väter sollten für das Baby emotional erreichbar sein und seine Bedürfnisse verstehen, was jedoch nicht immer möglich ist, weil zum Leben eben auch negative Gefühle gehören. Dafür muss man sich nicht schuldig fühlen, denn es ist gut, dass Babys auch mit negativen Emotionen der Eltern umgehen lernen.[78] Was für die Eltern stimmt, ist auch für den Großvater richtig: Besser als der perfekte – für ihn selbst und für die Enkel unerreichbare – ist der »hinreichend« gute Großvater. Das Wichtigste ist: für die Enkel da sein und ihnen bedingungslose Liebe schenken.

Amüsante und zur Selbstreflexion anregende Opa-Typen hat die Psychologin Helga Gürtler (2000) skizziert:

- Der **Spiel-Opa** rutscht mit seinen Enkeln auf dem Fußboden herum, ist Turm, Pferd oder Riese. Er brummt, rauft und macht Quatsch, ganz egal, was die Leute von ihm denken.
- Der **Mecker-Opa** hält die heutige Jugend für schlecht erzogen und verkommen. Er braucht seine Ruhe und darf keinesfalls gestört werden. Er ist eher distanziert, kann aber fuchsteufelswild werden, wenn man durch sein Beet rennt oder seine Mütze für den Schneemann missbraucht.
- Der **Chaoten-Opa** vergisst, dem Kind einen Anorak anzuziehen, wenn er bei Regen auf den Spielplatz geht. Er füttert den Einjährigen mit Schnitzel oder klettert mit dem Halbwüchsigen über den Zaun, um das Eintrittsgeld zu sparen. Die Enkelkinder wissen, dass es besser ist, zu Hause manches nicht zu erzählen.
- Der **Besserwisser-Opa** liegt in ständigem Streit mit dem Vater über die richtige Pädagogik und alle wesentlichen Lebensfragen. Er weiß nicht nur alles – er weiß es vor allem besser.

- Der **Abenteuer-Opa** hat viele Ideen, die aber meist misslingen. Wenn sie Zug fahren wollen, hat Opa im falschen Fahrplan geguckt. Wenn er mit den Enkeln am Zoo ankommt, ist der geschlossen. Aber schließlich kriegt er doch noch alles irgendwie hin und verhilft seinen Enkeln zu bleibenden Erinnerungen.
- Der **Finanzierungs-Opa** hält Sparsamkeit für eine der höchsten Tugenden und sieht überall verantwortungslose Verschwender. Wenn seine Kinder oder Enkel ihn um Geld bitten müssen, was er klammheimlich genießt, ist sein Zuschuss willkommener Anlass für eine Sparsamkeitspredigt.
- Der **Reparier-Opa** ist immer beschäftigt. Er sammelt alles, was man noch einmal brauchen könnte und findet bei Bedarf wundersamer Weise all das, was man sonst neu kaufen müsste.[79]

»An den Vorfahren kann man nichts ändern, aber man kann mitbestimmen, was aus den Nachkommen wird«, wusste schon im 17. Jahrhundert der französische Literat François de la Rouchefoucauld. Aber auch bei besten Beziehungen zu Kindern und Enkeln halten sich gute Großväter strikt an das wichtigste Großelterngebot: Du sollst Dich nicht einmischen! Das Nichteinmischungsgebot ist für alle Beteiligten von hoher Bedeutung. Rund 80 % aller Eltern ist es wichtig oder sehr wichtig, dass sich die Eltern und Schwiegereltern nicht in die Kindererziehung einmischen.[80] Genauso basiert die Qualität der Beziehung von heranwachsenden Enkelkindern zu ihren Großeltern darauf, dass intime Themen wie etwa Sexualität ausgeblendet werden. Der bewährte gerontologische Grundsatz für ein gedeihliches Zusammenleben der Generationen, »Intimität auf Abstand«, muss bei den älter werdenden Enkeln gepaart werden mit dem Prinzip »Abstand von Intimität«. So wie Nähe und Intimität grundsätzlich nur möglich sind, wenn sie in einem guten Wechsel mit Abstand gelebt werden, erfordert die Beziehung zum Jugendlichen eine taktvolle Zurückhaltung der Älteren.

Eine solche bedingungslose Akzeptanz der Enkel macht die Großeltern-Enkel-Beziehung zu einer ganz besonderen und einzigartigen, was sich besonders in der Pubertät als wichtig erweisen kann. Denn in dieser Entwicklungsphase geht es vor allem um Toleranz in zwei Bereichen: bei den Schulleistungen und bei jugendlichen Eskapaden. Das Stereotyp, dass Ältere kein Verständnis für Junge hätten, ist falsch, denn die größere psychische und altersmäßige Distanz sowie die geringere Erziehungsverantwortung erweisen sich hier als vorteilhaft. Großeltern konkurrieren, im Gegensatz zu Eltern, selten mit der Jugend um wahre Jugendlichkeit, und »bei ihnen sind oft Ressourcen zu finden, die bei der Elterngeneration, von der es sich abzulösen gilt, ambivalenter wahrgenommen werden (da auch die Ablösung von den Großeltern nicht in gleicher Weise wie bei der Elterngeneration nötig ist)«[81].

Mit den Großeltern zu diskutieren hat daher für die 12 bis 16-Jährigen von allen gemeinsamen Aktivitäten die höchste Priorität.[82] Die Teenager entwickeln in dieser Zeit auch nicht selten, an ihren Eltern vorbei, eine neue Beziehung zu den Großeltern.[83] Wenn die Heranwachsenden sich für ihre Wurzeln und ihre Familiengeschichte sowie deren zeitgeschichtliche Zusammenhänge interessieren, kann Großvater eine willkommene historische Quelle sein. In diesen Erzählungen dürfen auch die Schattenseiten vorkommen, denn Enkel verzeihen ihren Großvätern mehr als die Kinder. Das ist einer der Gründe dafür, dass so viele Geschichten aus unserer Nazi-Vergangenheit erst von der dritten Generation ans Licht gebracht werden konnten.

Im Übrigen sind die »jugendlichen Eskapaden«, verglichen mit früheren Jugendgenerationen, vergleichsweise harmlos. Jugendforscher Klaus Fahrin fasst die einschlägigen Befunde mit dem Fazit zusammen, dass wir es heute »real mit der bravsten Jugendgeneration seit langem« zu tun haben:

- Jugendliche trinken im Durchschnitt weniger Alkohol als die Jugendlichen vor zehn Jahren,
- weniger als 17 % rauchen (ein historischer Tiefstand!),
- nur 5 % kiffen regelmäßig (genauso viele wie 1972),
- die Jugendgewalt bzw. -kriminalität sinkt,
- die Bereitschaft, sich ehrenamtlich zu engagieren, ist so hoch wie nie zuvor,
- und selbst der erste Geschlechtsverkehr findet heute fast ein Jahr später statt als noch bei der letzten Generation«.[84]

Früher war offensichtlich doch nicht alles besser.

Am meisten bedauert Anne, dass ihr Großvater zu früh starb. So gern hätte sie mit ihm noch jene intensiven Gespräche geführt, die sie ihn mit anderen führen sah, aber sie war erst zwölf, als ihr geliebter Opi starb. Ein Jahr vor ihrer Geburt war Großmutter gestorben und ihr Mann, der früher so umtriebige Unternehmer beschloss, sich dem zuzuwenden, wofür er früher kaum Zeit gehabt hatte: den Kindern. Es waren für Anne ersehnte und herrliche Abende, wenn die Eltern ausgingen und Großvater als Babysitter kam. »Opi auf dem Sofa, ich und meine Schwester rechts und links von ihm, vor uns der große Korb mit Bonbons und dann die geheimnisvollen Geschichten aus Tausendundeiner Nacht – erzählt und nicht vorgelesen.« Ganz klar, dass man an solchen Abenden länger aufbleiben durfte. Manchmal waren es auch ganze Tage oder Wochenenden mit besonderen Unternehmungen, an die sich Anne erinnert. »Und an Heiligabend gab es den rituellen Schwimmbadbesuch mit ausgiebigem Brunch, um den Eltern ungestörte Weihnachtsvorbereitungen zu ermöglichen.« Wenn Großvater gelegentlich auch mit in den Familienurlaub kam, waren das für die Kinder ganz besondere Erfahrungen.

Für Anne war es »eine innige und exklusive Großvater-Enkel-Beziehung«, was ihr auch im Kontrast zum anderen Großvater, dem mütterlicherseits, klar wurde. An ihn, den sie mehr als doppelt so lange erlebte, bei dem sie in den Ferien das ländliche Leben genoss, hat sie weniger prägende Erinnerungen. Das lag wohl daran, dass es diesen Opa nie einzeln und exklusiv, sondern immer nur als »Oma-Opa-Gespann« gab, wo zudem die Großmutter als die aktivere und redseligere meist im Vordergrund stand. Erst kurz vor seinem Tod, als die 25-jährige Anne ihm eines jener Erzähl- und Erinnerungsbücher schenkte, die zum Generationendialog einladen, kamen die beiden sich näher.

Wie kommen zwei Wesen aus ganz verschiedenen Welten miteinander ins Gespräch? Was können ein alter Großvater und ein junges Enkelkind teilen? »Opa, erzähl mal: Das Erinnerungsalbum deines Lebens« von Elma van Vliet (Knaur 2008) kann ein anregendes Hilfsmittel sein, um sich mit seinen Enkeln, insbesondere im Jugendalter, auszutauschen. Erinnern geht natürlich auch ohne ein solches Schreibbuch, aber wo soll man anfangen, wenn man gesagt bekommt: »Erzähl mal!«? Das Spektrum der Fragen, die Enkel ihrem Großvater vielleicht immer schon einmal stellen wollten (und sich eventuell nicht zu fragen trauten), reicht von biografisch historischen Daten bis zu tieferen persönlichen Ebenen. »Was hast du von mir (dem Enkel) gelernt?« oder »An was hoffst du, werden sich die Menschen nach deinem Tod erinnern?«, sind Fragen, die auch zu weitergehenden Selbstreflexionen anregen können.

WIR ALTEN SIND EINWANDERER IN DIE WELT DER JUNGEN

Die taktvolle Zurückhaltung des Großvaters gegenüber seinem jugendlichen Enkel schließt auch einen Abstand von dozierenden Belehrungen ein, die im Übrigen in keinem Alter wirklich gefragt sind. Die vornehmste Tugend von Großvätern ist nicht die Lehre, sondern das Zuhören. Jugendliche legen keinen Wert auf ungefragt erteilten Geschichtsunterricht; sie schalten schnell ab bei Altmännersätzen, die etwa mit der Formel »Zu meiner Zeit …« eingeleitet werden oder bei anderen überflüssigen und unbrauchbaren Moralvorträgen. Jugendliche wünschen sich als Gegenüber nicht den schlechten Lehrer, der ihnen von oben herab Fragen beantwortet, die sie nicht gestellt haben. Wer diesen Grundsatz nicht beherzigt, wird schnell einsam und alt, wie das ein Bonmot auf den Punkt bringt: »Du bist alt, wenn du alle Antworten hast, aber niemand Fragen stellt.«
Kinder und Jugendliche brauchen jemanden, der einem guten Erwachsenenbildner ähnelt, der sie als gleichwertig anerkennt, mit ihnen gemeinsam Antworten auf ihre Fra-

gen sucht und nicht vergisst, dass eine lebendige, tragfähige Beziehung durch eine ungefähre Symmetrie von Geben und Nehmen wächst. Die Jungen wollen von den Alten also unter den gleichen Voraussetzungen etwas wissen, wie die Alten von den Jungen, oder wie die meisten Menschen überhaupt: Gegenseitiges Interesse setzt voraus, dass der eine bei dem anderen etwas sieht oder vermutet, was für ihn und sein Leben relevant sein könnte.

Die Kulturanthropologin Margaret Mead hat diesen dynamischen Prozess der so genannten Enkulturation, in dem die Kinder über die Jugend bis ins Erwachsenenalter in die Kultur hineinwachsen, mit drei Beziehungsformen beschrieben. Drei Formen, die einerseits nacheinander auftreten, jedoch auch gleichzeitig nebeneinander stehen können. Eine angemessene Großvater-Enkel-Beziehung erfordert, entsprechend dem oben vorgestellten U-Modell, auch vom Großvater eine flexible Lern- und Entwicklungspartnerschaft.

- »Postfigurative Beziehungen« sind geprägt durch die traditionelle Sozialisation, wie sie vor allem die Kindheit bestimmen, wenn Jüngere von Älteren lernen.
- »Konfigurative Beziehungen« beschreiben die gegenseitige Einbindung in die Kultur, wie sie vor allem zwischen Gleichaltrigen im Jugendalter von Bedeutung ist.
- »Präfigurative Beziehungen« sind überall dort zu finden, wo Ältere von Jüngeren lernen, was vor allen in Zeiten raschen kulturellen Wandels an Bedeutung gewinnt.[85]

Mead weist damit auf den nie abgeschlossenen Prozess gegenseitiger Enkulturation hin, der sich nicht nur auf Kinder bezieht, sondern auch die Älteren in einen lebenslangen

Lernprozess einschließt. Schon die kleinen Enkelkinder bieten ein unglaubliches Lernpotenzial mit all ihren Entwicklungsschritten, Entdeckungen, Fragen und Überraschungen. Enkel im Jugendalter werden immer mehr zu Lehrmeistern ihrer Großeltern, begegnen ihnen zunehmend auf gleicher Augenhöhe, erklären ihnen ihre Welt und halten sie up to date, vor allem was den kulturellen, normativen und technologischen Wandel betrifft. Je älter wir werden, desto mehr brauchen wir solche Lernhelfer, um nicht aus der Welt herauszufallen und sie weiterhin zu verstehen. Margaret Mead sagt dazu: »Wir Alten sind Einwanderer in die Welt, in der die Jungen Eingeborene sind«.

Der große Theologe Karl Barth hat mit seinen »Lebensregeln für ältere Menschen im Verhältnis zu jüngeren« als »mich selbst angehend« ein paar wichtige Grundsätze für ein gelingendes Miteinander von Jung und Alt hinterlassen:

- »Du sollst dir klarmachen, dass die jüngeren, dir verwandten oder sonst liebe Menschen beiderlei Geschlechts ihre Wege nach ihren eigenen (nicht deinen) Grundsätzen, Ideen, Gelüsten zu gehen, ihre eigenen Erfahrungen zu machen und nach ihrer eigenen (nicht deiner) Fasson selig zu werden, das Recht haben.
- Du sollst ihnen also weder mit deinem Vorbild, noch mit deiner Altersweisheit, noch mit deiner Zuneigung, noch mit Wohltaten nach deinem Geschmack zu nahe treten. […]
- Du sollst dich weder wundern noch gar ärgern und betrüben, wenn du merken musst, dass sie öfters keine oder nur wenig Zeit für dich haben, dass du sie, so gut du es mit ihnen meinen magst und so sicher du deiner Sache ihnen gegenüber zu sein denkst, gelegentlich störst, und dass sie

dann unbekümmert an dir und deinen Ratschlägen vorbeibrausen.

- Du sollst bei diesem Tun reumütig bedenken, dass du es in deinen jüngeren Jahren den damals älteren Herrschaften gegenüber wahrscheinlich ganz ähnlich gehalten hast […].«[86]

LEHRMEISTER UND HALT IN STÜRMISCHER SEE

Neben der Pubertät kommt Großeltern auch in anderen kritischen Lebensphasen eine besondere Bedeutung zu. Vor allem wenn sich die Eltern trennen, können Großeltern ein wichtiges Element der Stabilität darstellen.[87] Rund 150 000 Kinder sind pro Jahr in Deutschland von Scheidung betroffen, Kinder, die dann vielfach in Loyalitätskonflikten mit ihren Eltern stehen und den neutralen Dritten brauchen, der sie stützt und ihnen Halt gibt. Scheidungen muten Großeltern viel zu: Sie müssen die Konflikte ihrer (Schwieger-)Kinder mitansehen, müssen das Leiden der Enkelkinder aushalten und dürfen – was oft das Schwierigste ist – sich nicht einmischen und schon gar nicht Partei ergreifen. Sonst erhöhen sie ihr Risiko, als verwaiste Großeltern auf der Strecke zu bleiben.

Meist bedeutet Scheidung aber auch, da die meisten Kinder bei der Mutter bleiben, eine Stärkung der Großeltern mütterlicherseits, verbunden mit einer Schwächung der Beziehung zum Großvater väterlicherseits. Wenn Väter zu Scheidungsverlierern werden, verwaisen mit ihnen auch ihre Väter. Großväter väterlicherseits müssten also von allen Großelternteilen das größte Interesse an guten Beziehungen trotz Trennung haben. Ihre im Vergleich zur Großmutter oft geringere emotionale Verstrickung könnte eine gute Voraussetzung sein, um eine am Kindeswohl orientierte Kontaktregelung auszuhandeln. Der Vater der alleinerziehenden Mutter wiederum sollte sich nach der Trennung darum bemühen, seiner Tochter ein Teil des weggebrochenen erwachsenen, männlichen Gegenübers zu sein. Das könnte die Enkelkinder etwas vor der Gefahr schützen, von ihrer Mutter als Partnerersatz mit Problemen belastet zu werden, die ihrem Alter und ihrer Rolle als Kinder nicht gut tun.

»Wenn ich beim Spazierengehen andere Opas sehe, wie sie vergnügt mit ihren Enkeln umgehen, tut mir das richtig weh und ich komme wieder ins Grübeln, was ich bloß falsch gemacht habe.« Der Enkel kommt nur zu Jörg, wenn er Geld will, und da es das, neben einem regelmäßigen Taschengeldzuschuss, nicht gibt, herrscht weitgehend Funkstille zwischen Großvater und Enkel. Der 15-Jährige, der beim geschiedenen Vater lebt, ist auch sonst nicht ganz pflegeleicht: »Er kennt keine Regeln, hängt an Alkohol und Drogen, für die er sich irgendwie das Geld beschafft, ist von mehreren Schulen geflogen und steht nun auch in der Sonderschule vor dem Ausschluss.« Sein Vater will von all diesen Problemen nichts wissen, bagatellisiert sie und lässt so alle Bemühungen des Großvaters, seinem Enkel eine Therapie oder ein Jugendhilfeangebot zu verschaffen, ins Leere laufen. »Mein Sohn will alles mit Geld und Geschenken lösen, dabei wäre doch die Hauptsache Zeit und Zuwendung.« Jörg macht sich Vorwürfe, schon als Vater unzureichend gewesen zu sein und nun auch als Großvater zu versagen. Die meiste Zeit seines Lebens war der 69-Jährige als Fernfahrer unterwegs – »es war das Fernweh« –, war wochenlang von zu Hause weg, und wollte an den wenigen Tagen zu Hause nichts von Problemen hören. So war es nur eine

Frage der Zeit, bis die Ehe kaputt ging und die Familie zerbrach.

Umso größer ist Jörgs Freude über das Gegenstück zum Enkelsohn, seine begabte 17-jährige Enkeltochter. Sie verbrachte in den ersten Lebensjahren fast jedes Wochenende bei den Großeltern, und der Kontakt ist nach wie vor eng, er macht mit ihr Unternehmungen, und sie fährt immer noch gern mit dem Großvater und seiner zweiten Frau in den Urlaub. Ihr größter Wunsch ist eine Londonreise, die ihr der Großvater vorfinanziert und die sie in Raten zurückzahlt, denn mit seiner Rente kommt er gerade so über die Runden. Darum tragen sie jetzt sonntags gemeinsam die Zeitung aus »und dann schwätzen wir, was uns beiden gut tut.« Weil ihr der Vater den Umgang mit ihrem türkischen Freund verbietet, stellt Opa einfach seine Wohnung als Treffpunkt zur Verfügung. »Ich möchte meinen Enkeln das Gefühl geben, dass sie immer kommen können, dass die Tür immer offen ist.«

Sein größter Traum wird jedoch wohl unerfüllt bleiben: »Mit dem Enkelsohn gemeinsam im Gütle schaffen und dann abends zusammensitzen, grillen und schwätzen.«

Enkel brauchen ihre Großeltern auch für die Themen, die Erwachsene im mittleren Lebensalter oft verdrängen und ihren Kindern vorenthalten. Großeltern verkörpern mit jedem Lebensjahr mehr an Alter(n), Gebrechlichkeit, Pflegebedürftigkeit, Sterben und Tod. So fragt sich Fulbert Steffensky, »ob ich meinen Enkeln nicht mein Alter schuldig bin?« Ob er ihnen, trotz aller Nähe und Vertrautheit, nicht auch »eine Art produktiver Fremdheit« bieten müsse? Wo die Alten doch »für unsere Enkel das wichtigste Übungsfeld für Endlichkeit« darstellen, müssten sie »Lehrmeister der Vergänglichkeit« werden. Denn »unsere Hinfälligkeit ist die letzte Lehre, die wir den Enkeln geben. Wenn man Kindern diese Lebenswirklichkeit vorenthält, betrügt man sie«.[88] Selbst wenn sich Enkel in der Regel nur wenig an der eigentlichen Pflege beteiligen, so erleben doch Jugendliche, vielleicht zum ersten Mal das Gefühl, wirklich gebraucht zu werden. »Die hilfsbedürftigen Alten fordern Hilfe und somit unterstützend-solidarisches Handeln heraus und verdeutlichen den Ernstfall menschlichen Aufeinander-Angewiesen-seins im Prozess des Altwerdens«[89], sagt Lothar Krappmann.

Ältere Großeltern können für Kinder und Jugendliche einen positiven Zugang zu alten Menschen überhaupt erschließen. Denn die Beziehung zu den Großeltern kann auch deswegen schwierig sein, weil sie immer eine Ambivalenz enthält. »Großeltern haben für Enkelkinder immer ein Doppelgesicht, einerseits als Familienmitglieder, andererseits aber auch als Vertreter der älteren Generation, die Kindern fremd sein können.[90]« Umso wichtiger ist ein naher Kontakt zu den Großeltern. Denn in der sozialpsychologischen Forschung wurde nachgewiesen, dass der bloße Kontakt zu einer fremden sozialen Gruppe nicht genügt, um eine positive Beziehung zu entwickeln, sondern dass ein oberflächlicher Kontakt sogar ins Gegenteil umschlagen und bestehende Vorurteile und Aversionen verfestigen kann. »Offenbar ist eine emotionale Beziehung zu einem älteren Menschen erforderlich, damit Heranwachsende nicht nur auf die äußere Erscheinung eines Menschen reduzieren, sondern ihn oder sie als Person erleben, die nicht auf ihren körperlichen Zustand zu reduzieren ist.«[91]

Aufgrund ihres höheren Alters sind es meist die Großväter – an erster Stelle die auf der Vaterseite –, die zu Lehrmeistern der Vergänglichkeit werden und ihre Enkel zum ersten Mal mit Sterben und Tod konfrontieren. Dies schlägt sich auch in Bilderbüchern über Großväter nieder, die bemerkenswert oft in der offensichtlich pädagogischen Absicht geschrieben wurden, Kinder auf das Sterben ihres Großvaters vorzubereiten oder um die Trauer über den gestorbenen Großvater zu verarbeiten. Bei einer Zufallsauswahl von 30 Bilderbüchern, die aus insgesamt 190 Großvater-Bilderbüchern getroffen wurde, handelte nahezu die Hälfte aller Geschichten von Tod und Sterben des Großvaters: In vier Fällen war er bereits gestorben, in zehn Büchern starb der Großvater während der Erzählung.[92]

»Wie Großvater schwimmen lernte« von Viola Rohner/Dorota Wünsch (Peter Hammer Verlag 2012) ist ein einfühlsames Bilderbuch über Vertrauen, Mut und Loslassen.
Sophietta erlebt eine Menge mit ihrem Großvater. Jeden Tag unternehmen die beiden etwas gemeinsam, aber immer sagt der Großvater: »Vielleicht … zum letzten Mal.« Eine Runde am Bahnhof drehen, auf dem Markt bummeln – und Schwimmen gehen. Doch dieses Mal ist es für den Großvater das erste Mal. Er, der sonst alles weiß und kann, kann nicht schwimmen. Und so lernt der alte Mann noch etwas von seiner kleinen Enkelin, die es ihm tatsächlich beibringt. »Er lernte sogar rückwärtsschwimmen und kraulen.« Am Ende wird es für Sophietta wirklich ein letztes Mal: »Eines Tages schwamm er so weit in den See hinaus, bis ihn das kleine Mädchen vom Ufer aus gar nicht mehr sah.«

Was Großväter auch im letzten Lebensabschnitt noch ihren Enkeln geben können und sollten, formuliert Fulbert Steffensky so: »Wir müssen abdanken. Abdanken ist ein schönes altes Wort. Es heißt, sich mit Dank verabschieden; sich selber und die eigene Weise den anderen nicht als Diktat hinterlassen; nicht erwarten, dass sie uns ähnlich sind. Abdanken – das heißt sich nicht in Bitterkeit und Resignation abwenden, sondern mit Schmerz und in Heiterkeit zugeben, dass unsere Kinder und Kindeskinder ihre eigenen Wege gehen, so wie wir sie früher gegangen sind. Unsere Kinder sind nicht dazu da, uns selber fortzusetzen. Abdanken zu können ist ein Stück Gewaltlosigkeit, die uns Alten schöner macht und die bewirkt, dass unsere Nachkommen mit Güte und Zärtlichkeit an uns denken können.«[93]

Auch nach zehn Jahren stehen Martin noch die Tränen in den Augen, als er sich an den Abschied von seinem Großvater erinnert. »Alt und lebenssatt« war der 86-Jährige im Kreise seiner Kinder und Enkel am Nachmittag eingeschlafen, nachdem er morgens angekündigt hatte, dass er an diesem Tag sterben werde. Martin und seine Brüder hielten bis zum frühen Morgen die Totenwache bei ihrem geliebten Opa. Fast drei Jahrzehnte hatten sie unter einem Dach, zuletzt sogar als Viergenerationenfamilie zusammengelebt, der Großvater war für den Hoferben eine zentrale Bezugsperson, Vorbild und »wie eine Vaterfigur«. In seinen frühesten Erinnerungen sieht er den Opa mit ihm und seinen Brüdern auf dem Fußboden rangeln und als wildes Reittier fungieren – es war ein gutmütiger und humorvoller Spielgefährte. »Opa wusste fast alles, erzählte ganz viel, wollte uns viel beibringen, hörte aber auch gerne zu und hat sich für alles interessiert.« Und Großvater traute seinem Enkel immer viel zu: Als er von ihm eines Tages lernte, wie man eine Weidenflöte schnitzt, war es keine Frage, dass gleich eine ganze Kiste zusammengepackt wer-

den musste, damit der Zweitklässler am nächsten Tag auch all seinen Mitschülern das Weidenpfeifenbasteln beibringen konnte. Die stärkste Erinnerung an den Großvater war das gemeinsame Arbeiten im Weinberg, »weil man da über alles reden konnte.«

Als Martin selbst Vater wurde, war es für Großvater keine Frage, der jungen Familie in seiner Wohnung Platz zu schaffen. »Wir lebten eng beieinander, haben uns gegenseitig aber nie beengt.« Der Großvater wurde noch zum Urgroßvater und beschäftigte sich, mit nachlassenden Kräften zunehmend ans Haus gebunden, gerne und liebevoll mit seinem Urenkel.

Mit großem Respekt erzählt der jetzt 45-jährige Enkel von der Lebensleistung seines Großvaters. Mit viel Kompetenz, unternehmerischem Geist und »einem sehr guten Riecher« habe er einen florierenden Betrieb aufgebaut. Ihm verdanke er auch ein stabiles Wertegerüst: Ehrlichkeit, Zielstrebigkeit, Unternehmungslust und Toleranz. Er war ein angesehener Bauer und Weingärtner, seine Weinproben waren geistreich und humorvoll, »er war ein echtes Original«. Dass die Hofübergabe von Großvater zu Vater, »zwei Alphatiere«, weitgehend konfliktfrei über die Bühne ging, war nicht selbstverständlich, und spurte dann einen ebenso gelungenen Übergang vom Vater auf den Sohn.

Martin bilanziert seine Zeit mit dem Großvater: »30 Jahre war Opa einfach immer da. Am Anfang war er für dich da, dann lebt und arbeitet man zusammen und schließlich muss man ihm immer mehr helfen.«

4.

GROSSVÄTER IN DER DREIGENERATIONENFAMILIE

Nachdem beschrieben ist, was die Alten und die Jungen jeweils von einer guten Großvater-Enkel-Beziehung haben, ist diese Zweigenerationen-Perspektive nun um eine dritte Dimension zu erweitern. Großväter können mit ihren Enkeln wunderbare exklusive Begegnungen haben, wo kein anderes Familienmitglied die Zweisamkeit stört. In diesen Zweierkontakten ist erfahrungsgemäß anderes möglich als zusammen mit der Großmutter, den Eltern oder anderen Enkeln. Viele Kinderbücher und Lebenserinnerungen beschreiben solche Idyllen.

Die Geburt eines Kindes bringt für das Elternpaar eine nachhaltige Veränderung seines systemischen Gleichgewichts. Durch Schwangerschaft und Stillzeit entwickelt sich zwischen Mutter und Kind zunächst einmal eine natürliche, enge Beziehung, die als Dyade (1) bezeichnet wird. Der Vater tritt (hoffentlich) als weitere wichtige Bezugsperson hinzu, erweitert die Dyade zur Triade (2) und unterstützt das Kind, sich aus der symbiotischen Mutter-Kind-Beziehung heraus zu entwickeln und eigene Schritte in die

Welt zu tun. Diese Funktion des Vaters ist vor allem dann besonders wichtig, wenn keine weiteren Geschwister hinzukommen, die die Mutter-Kind-Beziehung lösen helfen. Der Großvater kann hier ein wichtiger Bundesgenosse sein und den Vater in dieser Rolle bestärken, um einen gleichberechtigten Part als aktiver Vater in einer Kinderwelt zu übernehmen, die überwiegend von Frauen geprägt ist.

Von der Dyade über die Triade
zur Quadrangulierung

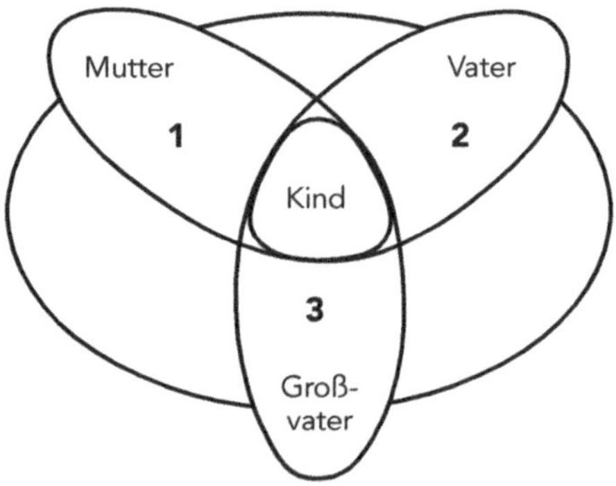

Wo die Kernfamilie immer häufiger zur Einkindfamilie wird, in der das Kind sehr im Mittelpunkt steht und nicht selten von zwei pädagogisch ambitionierten Eltern geradezu fürsorglich belagert wird, ist es darüber hinaus entwicklungsfördernd, wenn ein Außenstehender wohlwollend an die Seite des Kindes tritt. Diese Rolle ist besonders geeignet für den Großvater, der die Eltern-Kind-Triangulierung zur Quadrangulierung[94] (3) der Familienbeziehungen erweitert. Er kann das Enkelkind unterstützen, sich von den Eltern zu lösen, ohne dabei befürchten zu müssen, dass dies die familialen Bindungen auflöst. Großeltern können die Allmacht der Eltern begrenzen und relativieren; zu erkennen, dass der mächtige Vater selbst einen Vater hat, einen Groß-Vater, der ihm etwas zu sagen hat, kann für das Kind entlastend sein. Personen, die dem Kind nah und vertraut sind und sich doch anders als die Eltern verhalten, bilden eine Brücke in die Welt nach draußen. Auch wenn es in Mitteleuropa vielleicht nicht ein ganzes Dorf braucht, um ein Kind zu erziehen, wie ein afrikanisches Sprichwort sagt, so benötigt ein Neugeborenes jedoch auch bei uns mindestens sieben Betreuungspersonen, damit es ihm gut geht, schreibt die amerikanische Therapeutin Betty Estelle.[95]

Basierend auf einer tragfähigen Beziehung zu den Großeltern können die Kinder nach dieser »Brücken-Hypothese«[96] auch mit anderen älteren Menschen in ihrem Umfeld in Beziehung treten, die ihr Gesichtsfeld und ihren Aktionsradius erweitern. Positive Großeltern-Enkelbeziehungen, das haben Untersuchungen belegt, leisten einen Beitrag zum Abbau intergenerationeller Vorurteile.[97]

Vier Stunden Bahnreise trennen Ulf von seinen beiden Enkelsöhnen. Es war seine Schwiegertochter, die von Anfang an großen Wert darauf legte, dass ihre Kinder trotz der Entfernung eine möglichst enge Beziehung zu ihren Großeltern entwickeln. So machte sich Ulf mindestens viermal im Jahr, allein oder mit seiner Frau, auf den Weg, um die beiden voll berufstätigen Eltern zu unterstützen. Das war vor allem bei dem älteren Enkelsohn besonders gefragt. Er war ein so genanntes »Schreibaby«, das durch nichts zu beruhigen war, auch wenn der Großvater es stundenlang auf dem Arm trug, selbst die originellsten Beruhigungsversuche scheiterten. Früh schon holte Ulf seine Enkel in den

Ferien zu sich nach Hause, allerdings immer nur einzeln. Denn wenn zwei Buben auf vier Stunden Zugfahrt nur das eine im Sinn haben, nämlich ununterbrochen zu streiten, bringt das auch den stabilsten Großvater an den Rand. Nur mit größter Mühe und dem professionellen Rat, mit den Kindern Regeln aufzustellen (»Opa ist der Chef und Oma ist die Chefin«), überstanden die Großeltern die Ferientage. So gab es fortan nur noch getrennte Einladungen: Beide Enkel kommen im Wechsel jeweils für fünf Tage.

Das Schreikind wuchs zu einem Jungen heran, dem leider eine gewisse Unzufriedenheit mit dem Leben blieb. Was immer auch der Großvater mit dem Jungen unternahm, endete mit der Frage »Und was machen wir jetzt, Opa?« Es war viel, was sich Ulf an Unternehmungen einfallen ließ: »Wir haben spannende Sachen unternommen: die Quellen des heimatlichen Flusses entdeckt, ›Goldschätze‹ gesucht und gefunden und sie nach Hause geschleppt – auch wenn es nur Steine waren, für ihn war es Gold. Am Grillfeuer unsere Würste gebraten. Lagerfeuer, Technikmuseen, Höhlenerkundungen, Schwimmbadbesuche mit großartigen Wasserschlachten und viel Fußballspielen.«

Inzwischen ist das anders geworden. »Fußball stimmt mit meinen 75 Jahren nicht mehr. Und die anderen bisherigen Aktivitäten haben für meinen Enkel seinen Reiz verloren. Er teilt sich auch nicht mehr so gerne mit, er lebt mehr in seiner Welt. Am liebsten würde er den ganzen Tag nur auf dem Sofa sitzen, um mit seinem Smartphone zu daddeln oder grenzenlos im Internet zu surfen. Das alles stimmt mich traurig, zumal er gerade auch eine schwierige Entwicklung durchmacht.« Trotzdem kommt der Junge immer noch gern zu den Großeltern, unter anderem weil es dort ein bisschen lockerer zugeht als zuhause. Der gehasste tägliche Pflichtlöffel Gemüse entfällt, und Opa isst sogar manches mit den Händen, was zuhause streng verboten ist. Die Eltern akzeptieren diese anderen Spielregeln im großelterlichen Haus. Und beide Enkel genießen es, mit den Großeltern zu reden, die – anders als die beruflich eingespannten Eltern – so viel Zeit und innere Ruhe zum Zuhören haben und nicht alles pädagogisch bewerten müssen.

Großeltern und Enkel freuen sich nach wie vor auf ihre gegenseitigen Besuche und mögen sich. Im Übrigen werden die große Entfernung und die Abstände zwischen ihren persönlichen Begegnungen virtuell überbrückt. Jeden Sonntag ist Videokonferenz zwischen Vater und Großeltern, zu der sich dann auch die Enkel gesellen und das Neueste berichten.

Ein bisschen schade findet Ulf lediglich, so spät erst, mit 64 Jahren, Großvater geworden zu sein, wo manches nicht mehr geht. Zu spät ist es inzwischen auch für seinen großen Traum, mit den Enkeln einmal um den Bodensee zu radeln – Ulf musste das Radfahren aufgeben.

DER WEG ZUM HERZEN DER ENKEL FÜHRT ÜBER DIE HERZEN DER KINDER

Positive Beziehungen zwischen Großeltern und Enkeln haben eine entscheidende Voraussetzung – gute Familienbeziehungen. Mit dem Motto »Der Weg zum Herzen der Enkel führt über die Herzen der Kinder und Schwiegerkinder« bringt dies der Deutsche Kinderschutzbund in seinem Großeltern-Schulungsprogramm »Starke Großeltern – Starke Kinder« auf den Punkt. Untersuchungen belegen die naheliegende Tatsache: Je häufiger der Kontakt zwischen Großeltern und Eltern und je intensiver ihre emotionale Verbundenheit ist, desto stärker ist auch die Beziehung zwischen Großeltern und Enkelkindern.[98] Dabei geht es vor allem anderen um das Herz der Schwiegertochter, bei der man auch nicht ansatzweise den Gedanken zulassen sollte, sie für »böse« zu halten, sondern zu der man aus enkelstrategischen Gründen unbedingt eine gute Beziehung pflegen sollte. Sie ist die Wächterin über die Außenkontakte der Kinder, und schließlich wird auch sie es sein, die im Scheidungsfall in der Regel die Kinder mitnimmt.

»Starke Großeltern – Starke Kinder ®« ist ein Angebot des Deutschen Kinderschutzbundes.
»Der Kurs hilft, das Selbstverständnis als Großmutter oder Großvater zu klären, informiert über die Dynamik der Drei-Generationen-Familie, zeigt Möglichkeiten auf, den verschiedenen Anforderungen gerecht zu werden, ohne sich dabei selbst zu vergessen, bietet Raum zum Nachdenken und zum Austausch, macht Spaß. Im Großeltern-Kurs des Deutschen Kinderschutzbundes erfahren Sie, dass es Wege gibt, mit Erfahrung und Gelassenheit die ganze Familie zu stärken und das Zusammensein mit den Enkeln zu genießen. Mit pädagogischen Inputs, praktischen Übungen und viel Austausch untereinander gewinnen Sie an Sicherheit und Freude, Großmutter und Großvater zu sein.«
Ob Großväter einen solchen Führerschein wirklich brauchen, darüber lässt sich streiten. Was aber für dieses didaktisch schlüssige Programm in jedem Fall spricht, ist, dass es mit seinem hohen Anteil an Selbstreflexion hilft, die neue Großvaterrolle bewusster einzunehmen.

Wie vielschichtig und damit auch potenziell »unfallträchtig« dieses Dreigenerationenmobile ist, lässt sich grafisch veranschaulichen. Das Dreiecksverhältnis zwischen Großeltern, Eltern und Kindern (das, wenn man Vater und Mutter sowie Großvater und Großmutter einzeln betrachtet, eigentlich ein Fünfeckverhältnis ist) weist eine große Komplexität von direkten und indirekten Beziehungen und Einflussgrößen auf.

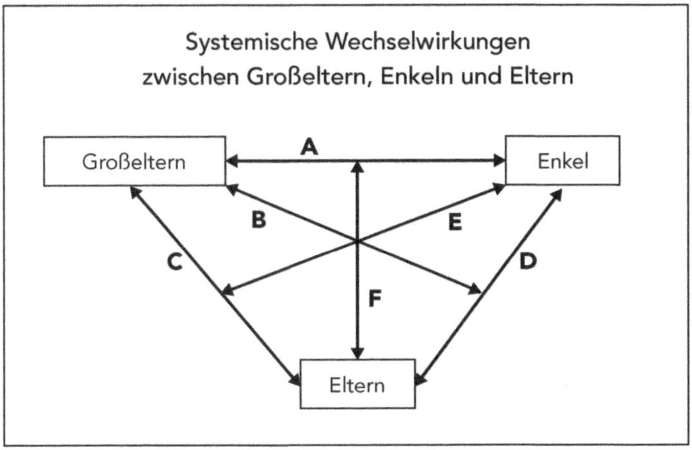

Grafik übernommen von Tomlin 1998: 160

- Großeltern beeinflussen, positiv oder negativ, ihre Enkel direkt durch ihre gemeinsamen Aktivitäten, durch ihre Weitergabe von Wissen und Werten (Linie A), indirekt wird dies immer durch den elterlichen Einfluss mit geprägt (Linie F).
- Indirekt werden die Großeltern-Enkel-Interaktionen (A) durch die Großeltern-Eltern-Beziehungen (C) oder die Eltern-Enkel-Beziehungen beeinflusst (D und B); so prägt

etwa die Erziehung der Großeltern das spätere Erziehungsverhalten der mittleren Generation (Kette von C nach D).

- Der Umgang zwischen Großeltern und Eltern (C) vermittelt den Enkeln ein Modell für intergeneratives Rollenverhalten (E).
- Großeltern können auf die Interaktion zwischen Eltern und Kindern (D) einwirken, wenn etwa minderjährige Eltern keine ausreichende Erziehungskompetenz haben (B).
- Alle Einflusswege lassen sich umkehren: Auch Enkel können auf den gleichen Wegen das Verhalten von Eltern und Großeltern direkt und indirekt beeinflussen.

Dies kleine, aber ziemlich komplexe (und auch etwas komplizierte) Modell zeigt, dass alle Beziehungen zwischen den Generationen in systemischer Wechselwirkung stehen und diese, vor allem wenn es einmal schwierig werden sollte, immer nur in einem größeren Kontext verstanden werden können.

Die Geburt des ersten Enkelkindes ist eine »Verstörung« des Familiensystems und ordnet für alle Beteiligten die Generationenverhältnisse und Rollen neu: Der Vater wird zum Großvater und rückt in die erste Reihe der Generationenfolge vor; der Sohn wird zum Vater, die Tochter zur Mutter und in gewisser Weise erst damit zu einem der Kindheit wirklich entwachsenen Erwachsenen. »Elternschaft scheint erst dort zu enden, wo die eigenen Kinder ihre eigene Familie gründen und Kinder bekommen«, sagt Familientherapeut Victor Chu.[99] Diese für beide Generationen durchaus herausfordernde Rollenveränderung kann für den Vater eine zweite Chance in der Beziehung vor allem zum Sohn sein: Die Vater-Sohn-Beziehung kann zu einer auf gleicher Augenhöhe werden; der Groß-Vater wird mit dem werdenden Vater zum Verbündeten, wenn sie nun ein neues Lebensthema verbindet, wo auch manches Vergangene mit neuen Augen gesehen werden kann. »Enkel sind die Kinder unserer Kinder. Diese Verdoppelung bringt eine Vertiefung der emotionalen Beziehungen mit sich.«[100]

Denn »erst bei den Enkeln ist man dann soweit, dass man die Kinder ungefähr verstehen kann«, war die späte Erkenntnis von Erich Kästner. Und »wenn Enkelkinder geboren werden, rücken die Familiengenerationen oft wieder zusammen«, stellt der Soziologe und Pädagoge Lothar Krappmann fest.[101] Für den Vater steht dabei ein Entwicklungsschritt an, der als »parental maturity«, als elterliche Reife, bezeichnet wird: die Anerkennung der Kinder als eigenständige und unabhängige Erwachsene, denen man ab sofort nur noch auf gleicher Augenhöhe begegnen sollte.[102]

DIE SCHATTENSEITE DER GROSSVATERSCHAFT

Eigene negative oder gar traumatisierende Kindheitserfahrungen mit problematischen Großeltern, häufig Großvätern, können der Grund sein, warum Kinder ihren Eltern den Kontakt zu den Enkeln erschweren oder auch den Großeltern-Enkel-Kontakt ganz unterbinden. Sie wollen ihren Kindern eine Wiederholung der eigenen Erfahrungen ersparen. Diese düstere Seite der Großvaterschaft wird in den zumeist euphorisch getönten Großelternratgebern in aller

Regel ausgespart und kommt allenfalls in archetypischen Geschichten und Bildern von bösen alten Männern zur Sprache. Einer der wenigen Fachleute, der sich überhaupt mit den Schattenseiten befasst, ist der Erziehungswissenschaftler Hans Thiersch: »Über der Großelterndiskussion liegt – so scheint mir – ein verklärend-idyllisierender Glanz, in dem sich die gegebenen Schwierigkeiten und Kläglichkeiten verlieren; das verführt zu Irrealität und Verlogenheit«[103]. Eine derartige Tabuisierung macht es Großvätern schwer, mit negativen Erfahrungen Sprache und Gehör zu finden.

Hans hat »lebenslänglich«, wie er sein Vater- und Großvaterschicksal beschreibt. Seit über vierzig Jahren hat er versucht, aus seinen beiden Kindern ordentliche Menschen zu machen und ihr Leben in geregelte Bahnen zu lenken. Doch die aus dem Kinderheim adoptierten Säuglinge, »zwei der letzten Besatzungskinder«, brachten eine Hypothek mit ins Leben, gegen die ihre Adoptiveltern keine Chance hatten. Massive Verhaltensauffälligkeiten, abgebrochene Ausbildungen, gescheiterte Beziehungen, unzählige Ortswechsel und finanzielle Katastrophen belasteten und belasten noch immer das Familienleben über die Maßen und bringen den 75-Jährigen immer wieder an seine Grenzen. »Vielleicht haben wir auch unsere Kinder, wie das bei Adoptiveltern nicht selten ist, zu sehr überbehütet«, meint Hans.

Die älteste Enkeltochter verbrachte den größten Teil ihres Lebens bei den Großeltern und brachte diese mit ihrem pubertär ordinären Verhalten immer wieder an den Rand. »Die Enkelkinder sind unerzogen, das heißt schlichtweg von ihrer Mutter nicht erzogen«, sagt Hans. Er, als der gelassenere, kommt damit einigermaßen zurecht, aber seine Frau lebt mit ihrer Enkelin im Dauer-

stress, was sich natürlich auch auf die Partnerschaft auswirkt. Jetzt schaffte die Enkelin mit 17 endlich ihren Hauptschulabschluss, ihre anstehende Ausbildung muss wohl wieder von den Großeltern finanziert werden. Die Mutter, mehrfach geschieden und nach mehreren abgebrochenen Ausbildungen ebenfalls von elterlicher Unterstützung abhängig, ist mit sich selbst und ihren beiden anderen Kindern beschäftigt. Zehn Jahre nach dem offiziellen Ruhestand muss Hans darum noch für ein Zusatzeinkommen sorgen, ohne dass ein Ende der Belastungen in Sicht wäre. Das Alter zu genießen sei ihnen nicht wirklich möglich, seit sechs Jahren gab es keinen Urlaub mehr. So lebt Hans, wie er das etwas euphemistisch ausdrückt, »eine Großväterei mit einigen Abdunkelungen in Grau.«

Großeltern-Enkel-Beziehungen können belastet sein durch Konkurrenzen. Das minenreichste Konfliktfeld sind konkurrierende pädagogische Vorstellungen von Eltern und Großeltern. Hier gilt grundsätzlich das Recht des Stärkeren – und die Stärkeren sind allemal die Eltern. Wo früher vor allem der Großvater oft zu streng und autoritär war, befürchten Eltern heute eher, dass die Großeltern die Kinder zu sehr verwöhnen. So stehen Eltern häufig im Spannungsfeld zwischen Verwöhnung und Gefährdung auf der einen und der Angewiesenheit auf Hilfe und Entlastung auf der anderen Seite, eine Abhängigkeit, die den notwendigen Klärungsprozess erschweren kann. Großeltern können andererseits an den Rand ihrer pädagogischen Toleranz geraten, wenn sie sehen, wie das Enkelkind ständig im Mittelpunkt der Aufmerksamkeit steht, zu wenig Grenzen erfährt und materiell übersättigt wird. »Manche Kinder waten förmlich in Spielsachen«, klagt Rolf Oerter, was dann entsprechende

Fantasie und Kreativität bei der Auswahl von (immateriellen) Geschenken erfordere.[104] Bei allen Differenzen sollten Großeltern den Eltern allerdings das zubilligen, was jede Generation aufs Neue erfahren und erleiden muss, das »relative unabdingbare Scheitern der Eltern«. Denn alle Eltern »stehen vor der unlösbaren Aufgabe, mit den Mitteln und Erfahrungen der Vergangenheit in eine Zukunft hinein zu erziehen, die sie selbst nicht kennen.«[105] Andere Konkurrenzbeziehungen können sich im erweiterten Familiensystem ergeben. Das oben vorgestellte Dreiecksmodell ist eine starke Vereinfachung, denn in der Regel handelt es sich eben nicht nur um drei, sondern um fünf beteiligte Personen. Öffnet man den Blick auf das erweiterte Familiensystem, erscheinen die systemischen Zusammenhänge kaum noch überschaubar (und auch dieses Modell ist immer noch eine Reduktion der familiären Komplexität).

Das System der erweiterten Mehrgenerationenfamilie

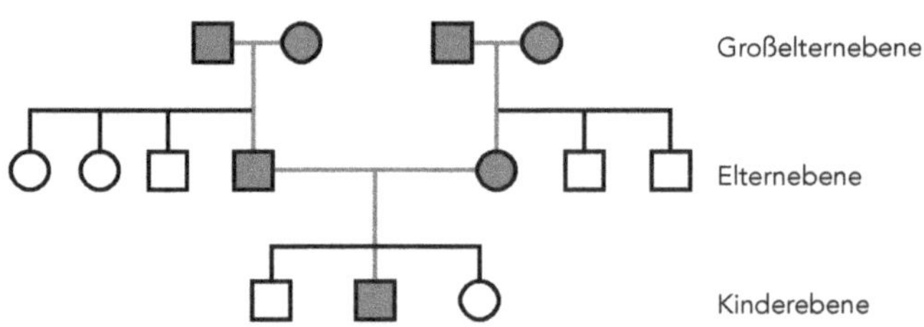

Grafik übernommen von King/Russell/Elder 1998: 55

Die dunkel markierten Dreigenerationenbeziehungen zwischen den beiden Großelternpaaren, den Eltern und einem Enkel sind jeweils auch auf vertikaler Ebene zu betrachten: Das Enkelkind hat Geschwister, Vettern und Kusinen, mit denen es sich die großelterliche Zuwendung teilt; auch die Eltern haben Geschwister, mit denen sie Transferleistungen nach unten, zu ihren Kindern, und nach oben, zu ihren Eltern, aushandeln müssen; das Ehepaar wiederum muss sich auf einen fairen Modus gegenüber den jeweiligen Eltern verständigen; Konkurrenzen kann es geben im Binnenverhältnis zwischen Großmutter und Großvater, zwischen den beiden Großelternpaaren und gegebenenfalls sogar noch den Stiefgroßeltern, aber auch zu anderen verwandtschaftlichen oder professionellen Bezugspersonen, wie Erzieherinnen oder Tagesmüttern. Für die Kinder resultiert aus solchen Konkurrenzen, die zu allerlei materiellen und immateriellen Bestechungsangeboten führen können, in aller Regel ein Overload an Zuwendung, bei dem sie nicht selten in belastende und überfordernde Loyalitätskonflikte geraten.

Ein vierter und letzter Schritt der Komplexitätserhöhung zeigt schließlich, dass das Mehrgenerationensystem nicht nur in komplexe personale Beziehungen verflochten, sondern auch in spezifische zeitliche und räumliche Zusammenhänge eingebunden ist und Verwerfungen, die sich daraus ergeben können.

In der Dreigenerationenfamilie von Großeltern, Eltern und Kindern überlappen sich unterschiedliche Lebensphasen, in denen jeweils ganz eigene Lebens- und Entwicklungsaufgaben zu bewältigen sind. Diese unterschiedlichen Biografien sind geprägt von den jeweiligen historischen Bedingungen: Das könnte sich zum Beispiel zeigen, wenn der Großvater als digital immigrant, das heißt erst im Laufe seines Lebens in die digitale Welt Eingewandertem, mit seinem Sohn als digital native, in der elektronischen Welt

Grafik übernommen von King/Russell/Elder 1998: 55

Aufgewachsenem, über einen angemessenen Umgang des Enkels mit elektronischen Medien diskutiert. Neben den historischen spielen auch die räumlichen Bedingungen eine Rolle. Nur wenig sind bislang die Stadt-Land-Unterschiede in den Generationenbeziehungen im Blick, in landwirtschaftlichen Haushalten schaffen die größere Nähe und die geteilte Ökonomie stärkere Bande – auch wenn die nicht immer nur positiv getönt sein mögen.[106] In Familien mit Migrationsgeschichte, wo innerhalb von drei Generationen sämtliche Lebensverhältnisse mit allen sozialen und kulturellen Werten oft radikal umgeformt wurden, kann man sich das mögliche Ausmaß an Spannungsfeldern zwischen den Generationen vorstellen.

»Ich bin nicht Vaterersatz, aber im Zweifelsfall sage ich, wo's lang geht«, beschreibt der 68-jährige Werner seine Rolle. Wahrscheinlich sei seine Großvaterrolle untypisch, aber anders würden ihr Dreigenerationenhaushalt und ihr landwirtschaftlicher Betrieb nicht funktionieren. Da die Schwiegertochter voll berufstätig sei, würden die drei Enkel unterm Strich mehr Zeit mit der Großmutter als mit ihrer Mutter teilen. Auch wenn »Opa nicht alles mit sich machen lässt«, sind seine Enkel für ihn eine große Bereicherung. Besonders sein wacher 14-jähriger Enkel beeindruckt ihn mit seinem lebendigen Interesse, seinem Nachfragen und seinem Verstehen wollen. Natürlich seien er und sein jüngerer Bruder in Sachen neue Medien ihm längst überlegen und Lehrmeister. Werner verfolgt die Entwicklung der Enkel mit großem Interesse, und immer wieder fühlt er sich in die Zeit zurückversetzt, als seine eigenen Kinder noch klein waren. Nur, dass er jetzt weniger Verantwortung zu tragen und nicht zu entscheiden habe, auch wenn er mit seiner Meinung nicht hinter dem Berg halte. Das sich Zurücknehmen ist für ihn allerdings das Schwierigste an der Großvaterrolle.

DIE NEUE SANDWICH-GENERATION

Viele Großeltern sind für ihre Kinder und Kindeskinder nicht nur sonntägliche Besuchsbeziehungen, sondern regelmäßige und verlässliche Betreuungskräfte. In Deutschland, wo heute jedes dritte Kind unter drei Jahren in einer Familie mit zwei erwerbstätigen Eltern aufwächst, sind die Großeltern, nach der Obhut durch die Eltern und Mitarbeiterinnen von Betreuungseinrichtungen, die drittwichtigsten Betreuungspersonen für Kinder unter sechs Jahren. Zwei von fünf Kindern unter sechs Jahren werden regelmäßig von anderen privaten Personen als den Eltern, überwiegend von Großeltern, betreut – Tendenz steigend. Insgesamt leisten die über 60-Jährigen in Deutschland jährlich 3,5 Milliarden Stunden Enkelbetreuung, bei einem Stundensatz von 12 Euro ergibt dies einen Gesamtwert von rund 40 Milliarden Euro.[107] »Ohne Krippe Grosi stünde vieles still« fassen daher Tobias Bauer und Silvia Strub ihre Untersuchung zu Betreuungsleistungen von Großeltern zusammen.

Und wenn man bedenkt, dass immerhin ein Fünftel aller Großväter und ein Viertel aller Großmütter, die ein Enkelkind betreuen, noch berufstätig sind,[108] zeigt sich ein Aspekt der Vereinbarkeit von Familie und Beruf, der in der öffentlichen Debatte noch übersehen wird. In der Familienpolitik werden mit dem Begriff der so genannten »Sandwich-Generation« Frauen bezeichnet, die nicht nur ihre Kinder großziehen, sondern gleichzeitig auch ihre Eltern und Schwiegereltern betreuen. Tatsächlich hat sich diese doppelte Verantwortung jedoch mehr und mehr hin zur Großeltern-Generation verschoben, die immer häufiger Berufstätigkeit, Enkelbetreuung und Elternpflege unter einen Hut bringen muss.

Nicht beachtet werden in dieser gesellschaftlichen Care-Debatte die pflegenden Männer (das englische Wort »care«, für das es im Deutschen keine Entsprechung gibt, steht für alle Aspekte der Erziehung, Betreuung, Fürsorge und Pflege im Lebensverlauf). Sie werden unterschätzt, sowohl hinsichtlich ihrer Anzahl als auch ihrer Kompetenzen. Über ein Drittel aller betreuenden und pflegenden Angehörigen sind Männer, Tendenz steigend.[109] Es sind Männer, die ihr Leben lang vielleicht nur wenig mit Hausarbeit und noch weniger mit Kinderpflege zu tun hatten, die nun vieles neu lernen müssen und in der Regel ihr Geschäft gut machen. Männer, die zurecht stolz auf ihre Haushalts- und Betreuungsleistungen sind; die davon reden, wie dankbar sie sind, ihren Frauen etwas von dem zurückgeben zu können, was diese ihnen ein Leben lang gegeben haben. Männer, die auch bei schwerster Krankheit ihrer Partnerin davon sprechen, wie ihre Beziehung durch die Pflege bereichert wurde; die in ihrem nachberuflichen Leben so auf einmal wieder Bedeutung und Sinn erfahren. Angehörigenpflege ist längst schon auch eine Männersache, wovon man viel mehr reden sollte – nicht zuletzt, um auch andere Männer zu ermutigen.[110]

Zurück zur Enkelbetreuung. Die Betreuung von Enkelkindern ist nach der Pflege von Angehörigen die zweithäufigste Tätigkeit im Ruhestand, dies ist auch dadurch begünstigt, dass die meisten Großeltern in erreichbarer Nähe sind. Auch wenn nur etwa fünf Prozent mit ihren Enkeln im gleichen Haus leben, wohnt nahezu die Hälfte aller Großeltern in Deutschland so nahe bei ihren Enkeln, dass sie innerhalb von zehn Minuten bei ihnen sein können. Ein knappes Drittel hat eine Entfernung von maximal einer Stunde zu bewältigen, und nur jedes fünfte Enkelkind wohnt noch weiter entfernt.[111] Allerdings hat die Entfernung der Großeltern zu den Enkeln statistisch über die Jahre zugenommen.

Die räumliche Nähe hängt im Übrigen stark vom Bildungsniveau der Kinder ab. Je höher das Bildungsniveau, desto größer ist die beruflich bedingte und finanziell mögliche Mobilität. Enkel, deren Väter das Abitur haben, haben eine fünfmal geringere Wahrscheinlichkeit, mit den Großeltern im Haus oder in der Nachbarschaft zu leben, als bei Vätern mit einem niedrigeren Bildungsabschluss.[112] Der amerikanische Familienforscher Robin Mann hat hierzu zwei schichtabhängige Großelterntypen klassifiziert:

- Bei Großeltern in der Arbeiter- und Mittelschicht spricht er von »Pädagogischen Subunternehmern«, weil sie in der Regel näher bei ihren Kindern wohnen, meist haushaltszentrierter sind und deswegen häufiger als (Tages-)-Elternersatz fungieren.
- Großeltern der Mittel- und Oberschicht bezeichnet er als »Spezialisten«, weil sie im Durchschnitt weniger Kontakte zu ihren Kindern haben, ihre Enkel eher in Schule und Freizeit unterstützen, und selbst stärker in andere soziale Bezüge eingebunden sind und ihre Unabhängigkeit und Grenzen betonen.[113]

WENN GROSSELTERN ZU ELTERN WERDEN

Großeltern können auch in die Situation kommen, teilweise oder ganz als Ersatzeltern einspringen zu müssen. Dies kann insbesondere dann der Fall sein, wenn die Kinder als Eltern überfordert sind, etwa bei minderjährigen Müttern. Wenn eine junge Mutter oder ein Vater mit dem Kind noch im Haushalt der Eltern lebt, können die Großeltern unter bestimmten Voraussetzungen sogar Elternzeit beantragen (15 Abs.1a Bundeselterngeld- und Elternzeitgesetz). Voraussetzung hierfür ist, dass ein Elternteil minderjährig ist oder sich im letzten oder vorletzten Jahr einer Ausbildung befindet, die vor Vollendung des 18. Lebensjahres begonnen wurde. Die Großeltern müssen nachweisen, dass sie das Kind selbst betreuen und erziehen. Zudem dürfen die Eltern des Kindes nicht selbst Elternzeit nehmen.

Ersatzelternschaft kann außerdem vonnöten sein durch den Tod der Eltern, durch ein Kind mit körperlicher oder geistiger Behinderung, durch schwere Drogenabhängigkeit oder psychische Erkrankung der Eltern. In den Vereinigten Staaten leben vier Millionen Kinder dauerhaft bei ihren Großeltern; zwei Fünftel aller geschiedenen Mütter ziehen aus, die meisten zu ihren Eltern. Ersatzelternschaft kann eine befriedigende und erfüllende Rolle sein, besonders wenn man die Alternativen – eine Schädigung der Kinder durch versagende Eltern oder schlechte Fremdbetreuung – vor Augen hat. Ersatzgroßeltern können jedoch psychisch und physisch überfordert sein und müssen mit den Schuldgefühlen und Stigmatisierungen, in der Erziehung ihrer Kinder versagt zu haben, zurechtkommen. Zudem müssen sie mit dem Dilemma leben, einerseits die Eltern nicht vollends an den Rand zu drängen, deren elterliche Autorität zu wahren und nicht zu sehr gegen das großelterliche Nichteinmischungsgebot zu verstoßen, andererseits aber das Kindeswohl im Blick zu behalten. Wer hat in einer solchen Familie den Hut auf und das letzte Wort?[114]

Morgens um sieben ist die exklusive Stunde von Wolfgang und seinem vierjährigen Enkel. Wenn Großmutter und Mutter das Haus verlassen haben, genießen die beiden ihr gemeinsames Frühstück. Während Wolfgang seine Zeitung liest, studiert der Kleine seine aktuellen Lieblingsbilderbücher. Noch eine Runde mit der Holzeisenbahn und dann geht's zum Kindergarten. Die

Entscheidung über das Verkehrsmittel – Tretroller, Fahrrad oder per Pedes – darf jedes Mal der Enkel treffen. Meist brauchen sie für die tausend Meter bis zum Ziel so oder so mindestens 20 Minuten, angesichts der vielen aufregenden Dinge unterwegs wie Busse, Baustellen, Bagger und andere Männersachen.

Wolfgang war zwar ein sehr aktiver Vater, aber seit er in Rente ist, genießt er den »großen Unterschied: Jetzt ist alles viel entspannter, weil ohne Stress und Zeitdruck und ohne ›Erziehungsberechtigung‹«. Wenn ihm etwa das mütterliche »Tellerleeressgebot« zu streng scheint, dann ist eben er es, der heimlich den Teller des Kindes leer isst. »Und das Kind in den Schlaf zu tragen, ohne weitere familiäre Pflichten im Nacken, das kann ich sehr genießen.« Das gilt auch für den wöchentlichen »Opatag« (es gibt auch einen »Omatag«), wo Großvater und Enkel viel unternehmen: Zoobesuche, Bus- und Straßenbahnfahrten und ähnliches; abends das Bettgehritual mit Geschichte, Lied und Gebet – »dabei tauchen auch viele Erinnerungen an die eigenen Kinder und die eigene Kindheit wieder auf«.

Ihre Tochter ist wieder zu den Eltern ins Haus gezogen, als sie mit Ende 20 schwanger wurde und der Kindsvater sich aus dem Staub machte. Sie ist, wie auch die Großmutter, berufstätig, so dass Großvater nicht nur als Betreuer gebraucht wird, sondern auch »als einziger Mann im Haus für alles Technische und Reparieren« und vor allem als eine Art Vaterersatz. Wolfgang hat glänzende Augen, wenn er von »der uneingeschränkten Liebe« des Kleinen spricht und wie es ist, »von ihm angehimmelt zu werden«. Und ohne die Verantwortung als Vater, wo es nun auch keine Machtkämpfe mehr gäbe, falle auch ihm die vorbehaltlose Annahme des Kindes leichter als bei seinen eigenen Kindern. Er spricht von einer »guten Symbiose ohne Ambivalenz«, wo auch ein gelegentliches »Du blöder Opa!« sein darf.

Was er vor allem anderen genießt, ist das Staunen und die Entdeckerfreude des Enkels, seine unglaublichen Fortschritte, die für den gelernten Behindertenpädagogen ein ganz besonderes Geschenk sind.

Klar, dass diese Freude auch ihre Schattenseiten hat. Die große späte Freiheit, die Ruhestandsreise war bislang nicht möglich, selbst kleinere spontane Fahrradtouren sind angesichts seiner Großvaterpflichten schwierig. Manchmal erlebt er auch die Nähe zur Tochter als zu eng, was ihre gegenseitige Ablösung erschwere. Gleichzeitig müsse er jedoch nicht wie andere Rentner ständig reisen, die nötige Alltagsstruktur und Sinnstiftung für seinen Ruhestand, Familie, Haus und Garten erlebt er als erfüllend. Und wenn der Enkel irgendwann will, wird er mit ihm über seine Herkunft und seine Wurzeln sprechen, und vielleicht sogar eines Tages mit ihm losziehen, um ihn bei der Suche nach seinem Vater zu unterstützen.

EIN GUTER GROSSVATER SETZT GRENZEN

Es sind vor allem die Großmütter, wie die Frauen überhaupt, die nach wie vor die »Säulen des intergenerationellen Leistungstausches« bilden, aber sie kommen dadurch auch schneller an die Grenzen ihres Leistungsvermögens. Immerhin ein Viertel aller Großeltern, und dies werden belastungsbedingt mutmaßlich eher die Großmütter sein, stöhnen über ihre Belastungen.[115] Da kann und muss es gelegentlich die Rolle des Großvaters sein, seine Frau zu schützen, für eine klare Abgrenzung zu sorgen oder gegebenenfalls auch selbst eine aktivere Rolle zu spielen. Andererseits muss aber vielleicht auch einmal der Großmutter eine Grenze gesetzt werden, wenn sie mit ihrem reichen Erfahrungsschatz die junge Familie überfürsorglich erdrückt.

Überhaupt könnte es Sache des Großvaters sein, wenn in der Anfangseuphorie sich alle auf das erste Enkelkind stürzen, innerlich einen Schritt zurückzutreten und ein paar sachliche, perspektivische Überlegungen ins Spiel zu bringen. Gemäß dem Motto »Enkelbetreuung ist kein Sprint, sondern ein Langstreckenlauf«, der über mindestens zwölf Jahre geht, sollten zunächst zwischen den beiden Großeltern und dann mit den Kindern ein paar Fragen erörtert werden:

- Wie sieht unsere Lebensplanung aus? Was – außer Enkelglück – wollen wir noch erleben?
- Welche Freiräume wollen wir uns erhalten, welche Verpflichtungen wollen wir eingehen?
- Welche Betreuungserwartungen haben unsere Kinder?
- Wollen wir diese Erwartungen erfüllen oder wo setzen wir unsere Grenzen?

In den letzten Jahren haben sich die öffentlichen Kinderbetreuungs- und Tagesmütterangebote so ausgeweitet, dass Beruf und Familie wesentlich besser zu vereinbaren sind als noch eine Generation zuvor. Freilich gibt es immer noch Lücken, besonders in Krankheitszeiten, aber wer Kinder hat, muss abwägen, ob wirklich für beide Elternteile Vollzeitarbeit sein muss, ob wirklich alle materiellen Wünsche erfüllt werden müssen. Vor allem für die jungen Väter haben sich die Zeiten gewandelt: Aktive Vaterschaft, längere Auszeiten während der gesetzlichen Elternzeit, freie Tage zur Betreuung eines kranken Kindes werden immer selbstverständlicher. Viele Firmen wissen inzwischen, dass für mehr und mehr junge Bewerber nicht mehr unbedingt das Gehalt im Vordergrund steht, sondern dass genau solche familienfreundlichen Bedingungen wichtig sind, für die sich aufgeklärte Firmen heute entsprechend zertifizieren lassen. Auch das Argument, dass aktive Vaterschaft ein Karrierekiller sei, trifft immer weniger zu. Großbetriebe wie etwa der Bosch-Konzern haben das früher obligatorische Auslandsdienstjahr, ohne das man nicht in eine bestimmte Hierarchiestufe aufsteigen konnte, um ein zeitgemäßes Äquivalent ergänzt: Ein Jahr Familienzeit wird dort genauso hoch bewertet und ersetzt ein Jahr im Ausland.

Abgrenzung ist auch deswegen so wichtig, um nicht mit Haut und Haaren in der Großelternrolle aufzugehen und damit längerfristig womöglich in ein Vakuum abzustürzen. Großelternschaft, die oft als die zentrale soziale Rolle und wichtigste Sinnstiftung im höheren Lebensalter betrachtet wird, birgt die Gefahr, zur exklusiven Monofunktion zu werden, die alle anderen Aktivitäten und sozialen Beziehungen ausschließt. Wenn der Lebensinhalt und das Lebensglück ausschließlich vom Enkel abhängen, ist das Unglück meist nicht weit. Was ist, wenn die Kinder umziehen, wenn Familienkonflikte die Großeltern-Enkel-Beziehung eintrüben, wenn sich die älter werdenden Enkel abnabeln? Dann ist womöglich eine zweite »Empty-Nest-Krise« zu bewältigen, die gravierender ausfallen könnte, da die Betroffenen inzwischen älter sind und alternative Beschäftigungen, Beziehungen und sinnstiftende Aufgaben vernachlässigt wurden.

Um eine solche Enkelfixierung zu vermeiden, sollte auch eine womöglich in Erwägung gezogene Entscheidung, die eigene Wohnung aufzugeben und in die Nähe der Kinder und Enkel zu ziehen, gut überlegt sein. Vielfach sind es die jungen Eltern, die auf eine solche Familienzusammenführung drängen, weil sie ihren Kindern eine gute Großelternbeziehung wünschen und sich auch eine Lösung ihrer Betreuungsnöte erhoffen. Aber was ist mit den alten Bäumen, die in einer so späten Lebensphase nur schwer neue Wurzeln schlagen und deren »sozio-emotionale Fokussierung« dann nur noch um die Enkelfamilie kreist? Das kann rasch zu eng und damit konfliktanfällig werden. Sich damit zu trösten, dass auf diesem Weg wenigstens für die eigene Pflegebedürftigkeit vorgesorgt wäre, ist ein problematisches Argument. In jedem Fall sollten Umzugsüberlegungen mit allen Beteiligten frühzeitig, in aller Offenheit und im Hinblick auf eine langfristige Perspektive mit allem Für und Wider abgewogen werden.

MIT WARMEN HÄNDEN VERERBEN

Neben den persönlichen großelterlichen Betreuungsleistungen fließen außerdem erhebliche materielle und finanzielle Ströme an Kinder und Enkelkinder. Nach Ergebnissen des Alterssurveys transferieren rund ein Fünftel aller 70- bis 85-Jährigen Geld- oder Sachleistungen an Kinder und Enkel. Umgekehrt bekommen nur drei Prozent aller 70- bis 85-Jährigen finanzielle Hilfen von ihren Kindern.[116] Damit übernehmen oder ergänzen die Älteren die sozialstaatliche Absicherungsfunktion und bedienen den öffentlichen Generationenvertrag – die Umlage von den Erwerbstätigen zu den Rentnern – in umgekehrter Richtung. Das ist eine erhebliche stille wirtschaftliche Reserve, ohne die viele junge Familien in Nöte kämen, für die sie vom Staat keine oder keine ausreichende Unterstützung bekommen können.

Per Olov Enqist erzählt mit seiner bebilderten Geschichte »Großvater und die Wölfe« (Hanser Verlag 2003) von einem Abenteuer, das gerade noch einmal gutging.
Großvater, im Herzen ein Kind geblieben, gibt kein gutes Vorbild ab und benimmt sich nach Meinung der Bilderbucherwachsenen ziemlich schlecht, weswegen er auch schon mal aufs Klo gesperrt wird, wenn er beim Essen wieder Pupsgeschichten erzählt hat. Als seine Enkelin Mina eines Nachts von einem fiesen grünen Krokodil in den Po gebissen wurde und ihre phantasielosen Eltern behaupten, sie habe das nur geträumt, erkennt ihr Großvater den Ernst der Lage und handelt sofort. Erstens muss ein Hund her, um Mina zu beschützen, und zweitens muss man »etwas ganz Großes tun, so dass ein Angriff eines Krokodils einem wie ein ganz kleiner Scheiß vorkommt. Zum Beispiel eine Expedition durchführen.« Da die Eltern der Kinder nicht viel von den ungewöhnlichen Erziehungsmethoden des Großvaters halten, wird der Plan zur Bezwingung des Dreihöhlenbergs zu einer Geheimaktion. Und dann entwickelt sich das Ganze einem echten, gefährlichen Abenteuer mit Wölfen, Wilderern und einem gebrochenen Bein.

5.

WUNSCH-GROSSVÄTER UND ANDERE GENERATIONENBEZIEHUNGEN

Wohl dem Mann, der Enkel hat. Aber was ist mit den anderen? Rund ein Drittel aller Älteren werden niemals Großeltern, weil sie entweder keine Kinder oder diese wiederum keine Kinder haben. Für manche Männer mag das kein großes Problem sein. Spätestens mit dem Eintritt in den Ruhestand, wenn sich Raum für Neues öffnet und eine neue Sinnfindung ansteht, wird jedoch vielen bewusst, dass in ihrem Leben etwas Wichtiges fehlt. Besonders dann, wenn immer mehr Männer im Umfeld ihr Smartphone zücken, stolz ihre Enkelfotos präsentieren und mit leuchtenden Augen von ihren gemeinsamen Abenteuern schwärmen. Dann muss der Enkellose Abschied nehmen von der potenziellen Großelternschaft, der im Allgemeinen wichtigsten Altersrolle, und, wie die Psychologin Andrea Schaal sagt, womöglich »durch einen Trauerprozess gehen und Abschied nehmen von einer Lebensmöglichkeit«, die man für sich erdacht und erwünscht hatte. Ein Prozess, der womöglich nie ganz abgeschlossen sein wird, »wo das Leid, die Wehmut darüber bleiben.«[117]

Andere Großväter haben zwar Enkel, die jedoch nur schwer erreichbar sind, weil sie zu weit entfernt, im Ausland oder sogar in Übersee leben. Dies betrifft vor allem Familien mit Migrationshintergrund, wo Großeltern häufig im Herkunftsland zurückgeblieben sind. In der Schweiz leben bereits 37 Prozent der Großeltern von 12- bis 16-Jährigen im Ausland.[118] Die Enkel-Großeltern-Kontakte begrenzen sich in diesen Fällen, je nach Entfernung und Einkommenslage, auf gemeinsame Ferien oder Familienfeste. Innerdeutsche Distanzen lassen sich übrigens mit dem Angebot »Kids on Tour« der Deutschen Bahn überbrücken. Gegen eine Zusatzgebühr begleiten Ehrenamtliche der Bahnhofsmissionen, die es in allen größeren Städten gibt, allein reisende Kinder zwischen 6 und 15 Jahren vom Ausgangs- bis zum Zielbahnhof. Sind größere Distanzen zu überwinden, bieten auch Fluggesellschaften einen Betreuungsservice gegen entsprechende Gebühren an.

Distanz kann aber auch verursacht sein von Enkeln, die sich entfernen. Enkel, bei denen der Großvater vielleicht einstmals hoch im Kurs stand, die aber nun zu Jugendlichen werden, denen jetzt die Sozialkontakte mit Gleichaltrigen wichtiger werden als mit Erwachsenen, wo ein mindestens temporärer Abstand zu Eltern und Erwachsenen überhaupt ansteht. Und Enkel können schleichend auf Distanz gehen, wenn sich mit zunehmendem Alter und abnehmender äußerer und innerer Mobilität des Großvaters die Spielräume immer weniger überschneiden. Wenn dann noch Pflegebedürftigkeit eintritt, kann dies der Punkt sein, wo die Besuche der Enkel beim Großvater nicht mehr aus

Neigung, sondern nur noch pflichtgemäß stattfinden. Das muss nicht so sein, vor allem vor dem Hintergrund einer früher intensiven Großvater-Enkel-Beziehung, aber wenn es so kommt, ist das ein schmerzlicher und wehmütiger Abschied auf Raten.

VERWAISTE GROSSELTERN

Noch schmerzhafter, als überhaupt keine Enkel zu haben, kann ein späterer Beziehungsabbruch sein, wenn Eltern nach einem Konflikt den Kontakt zwischen Enkel und Großeltern unterbinden oder wenn Eltern sich scheiden lassen. Selbst bei einer Scheidung mit gemeinsamem Sorgerecht ist vier Jahre nach der Scheidung bei über der Hälfte der Großeltern väterlicherseits der Kontakt reduziert; bei alleinigem Sorgerecht der Mutter steigt dieser Anteil gar auf 70 Prozent.[119] Und nicht nur Väter kämpfen um ihr Umgangsrecht, sondern auch Großeltern.

»Mein Lieblingsspielzeug ist Opa!«, war die spontane Antwort des kleinen Max, als die Kinder im Kindergarten nach ihrem liebsten Spielzeug gefragt wurden – Großvater und Enkel waren von Anfang an »ein Herz und eine Seele«. Die Selbstständigkeit erlaubte dem damals Anfang 50-jährigen Horst, sich häufig um seinen kleinen Enkel zu kümmern, mit ihm zu basteln, viel zu unternehmen und mit ihm sogar die ersten Eingewöhnungstage im Kindergarten zu teilen. »Ich hatte selbst keinen Opa und wollte deswegen meinem Enkel ein besonders guter sein.« Sohn und Schwiegertochter, die beide im Haus lebten, waren berufstätig, und so wurde Opa zur zentralen Bezugsperson.

Alles war gut, bis die Mutter einen anderen Mann kennenlernte, sich scheiden ließ und den fünfjährigen Max – vor allem aus Unterhaltsgründen, wie Horst das sieht – mit in ihre neue Wohnung in der Nachbargemeinde nahm. Doch der Kleine wollte bei seinem Vater und den Großeltern bleiben, es kam immer wieder zu unschönen Trennungs- und Konfliktsituationen. Schließlich erstritt die Mutter das alleinige Sorgerecht, ohne dass der Vater angehört wurde. Der Richter begründete diesen einäugigen Beschluss mit dem merkwürdigen Kommentar: »Eine schlechte Mutter ist immer noch besser als ein guter Vater.« Fast ein Jahr hatten Vater und Großeltern kein Umgangsrecht mit dem Jungen, alle Schlichtungsversuche des Großvaters liefen ins Leere; schließlich verwehrte ihm sogar ein richterlicher Platzverweis eine Annäherung an den Kindergarten. So verabredete er mit seinem Enkel Geheimtreffen – »fast wie Kriminelle«: Horst brachte den Jungen von »ihrem« Parkplatz morgens zur Schule und holte ihn wieder ab; die Positionierung ihres Signalsteins zeigte dem Großvater an, falls es unvorhergesehene Stundenplanänderungen gab.

Schließlich gab die Mutter, um eine Berufungsverhandlung abzuwenden, 14-tägigen Besuchen bei Vater und Großeltern ihre Zustimmung. Jeden Sonntagabend spielte sich jedoch eine Tragödie ab, bei der zum Abschied bei allen Beteiligten reichlich Tränen flossen. Immer hatte der Junge den Wunsch, wieder nach Hause zu Vater und Großeltern zu kommen, auch weil es ihm bei seiner Mutter, die sich mehr um das Kind aus zweiter Ehe zu kümmern schien, nicht sonderlich gut ging. Max war bereits 15, als er eines Sonntag abends wild entschlossen mitteilte: »Opa, ich geh nicht mehr zu meiner Mutter zurück!« Einige Wochen vorher hatte er schon Stück für Stück seine persönlichen Sachen mitgebracht. Das Sorgerecht wurde daraufhin dem Vater zugesprochen,

Max blühte auf und brach den Kontakt zu seiner Mutter mit den Worten ab: »Zehn Jahre hattest du Zeit, mir zu zeigen, dass du meine Mutter bist – ich möchte dich nicht mehr sehen!«

Die lange Leidensgeschichte hat bei allen Beteiligten Spuren hinterlassen. Max hat mit tiefsitzenden Beziehungsängsten zu kämpfen, sein Vater ging durch eine tiefe Krise, war phasenweise arbeitsunfähig. Die Großeltern sprechen von einem späten happy-end. Und Horst fasst seine Erfahrungen mit einem Rat an andere Großväter zusammen: »Versucht es nicht mit Gewalt und Gericht – letztlich geht es nur im Guten. Wenn die eine Seite nicht kooperativ ist, hat die andere keine Chance.«

Mit der Kindschaftsrechtsreform von 1998 ist ein Umgangsrecht von Großeltern mit den Enkelkindern in § 1685 des Bürgerlichen Gesetzbuchs verankert worden: »Großeltern und Geschwister haben ein Recht auf Umgang mit dem Kind, wenn dieser dem Wohl des Kindes dient.« Was bei betroffenen Großeltern große Hoffnungen weckt, sieht in der Rechtsprechung allerdings sehr nüchtern aus. Denn Großeltern haben nur dann ein Anrecht auf Umgang mit dem Enkelkind, wenn dieser Umgang »dem Wohl des Kindes dient«, was vom Gericht positiv festgestellt und von den Großeltern nachgewiesen werden muss. Das »Wohl des Kindes« muss dabei nicht gleichbedeutend mit dem »Wunsch des Kindes« sein; vor allem wenn Kinder Gefahr laufen, in Loyalitätskonflikten zerrieben zu werden, tendieren die Gerichte meist zu einer restriktiven Regulierung des großelterlichen Umgangsrechts und genehmigen dieses nur selten.

Wie empörend, schmerzlich und untröstlich diese großelterliche Ohnmacht sein kann, darauf lassen die Webseiten von Selbsthilfegruppen wie die »Bundesinitiative Großeltern« oder »Verstoßene Großeltern« schließen. Großeltern finden sich in einer noch schwächeren Rechtsposition als im Umgangsrecht eingeschränkte Scheidungsväter. Auf die möglichen Probleme derartiger Selbsthilfegruppen, die ohne professionelle Unterstützung arbeiten, weisen amerikanische Erfahrungen hin: Die Fokussierung auf Leid, Empörung und Wut erzeugt eine Problemtrance und problematische Gruppendynamiken, die eher pessimistische statt optimistische Perspektiven eröffnen und auch die Selbsthilfemöglichkeiten überschätzen. Die Energie wird in der Peerkommunikation unter Leidensgenossen absorbiert, statt nach lösungsorientierten intergenerationalen Lösungen in der Familie zu suchen.[120]

Das Webportal www.grosseltern-initiative.de »BIGE – die Bundesinitiative Großeltern von Trennung und Scheidung betroffener Kinder« bietet Großeltern, die von einem Kontaktverbot zu ihren Enkeln betroffen sind, eine Fülle an Informationen, juristischen Auskünften, einschlägigen Materialien, Links und Stimmen Betroffener.

Derart leidgeprüften Großeltern tut oft eine Unterstützung von außen gut, ein neutraler Dritter, und dabei weniger der Rechtsanwalt als eine professionelle, psychosoziale Beratung, wie man sie in Familienberatungsstellen oder bei niedergelassenen Psychotherapeuten findet. Mit deren Hilfe erhöhen sich die Chancen, sich aus destruktiven inneren Verstrickungen zu lösen und mit einer geklärten inneren Haltung konstruktive pragmatische Lösungen zu finden, wozu zum Beispiel auch eine Familienmediation gehören könnte.

DAS ENKEL-VAKUUM DARF KEIN LEBENS-VAKUUM WERDEN

»Das Enkel-Vakuum darf kein Lebens-Vakuum werden«[121] warnt Andrea Schaal. Energien und Fürsorge der enkellosen Älteren oder verwaisten Großeltern sollten umgeleitet werden. Generativität als Entwicklungsaufgabe des höheren Lebensalters ist nicht gebunden an leibliche Nachkommen, sie kann auch anderen Menschen zugutekommen. Hierfür gibt es mittlerweile seit über 30 Jahren an immer mehr Orten Großeltern-Börsen, die enkelbedürftige Ältere und großelternbedürftige Jüngere und Kinder zusammenbringen wollen. Es gibt ein wachsendes Interesse an solchen Diensten mit vielfältigen Bezeichnungen wie Großeltern- oder Oma-Opa-Dienste, Wahlgroßeltern, Wunschgroßeltern, Leihgroßeltern, Leih-Omas und Leih-Opas. Zwei Drittel der in der Vorwerk-Familienstudie Befragten halten solche Angebote für eine gute Idee, ein Drittel kann sich vorstellen, selbst aktiv zu werden.[122]

Großelterndienste zielen nicht primär auf Kinderbetreuung ab, sondern wollen vielmehr ein Ersatz sein für auf diese Weise nicht mehr erfahrbare Familienzusammenhänge. Sie sind keine professionellen Anbieter, sondern meist ehrenamtlich geführt, können und wollen die tägliche Regelkinderbetreuung nicht ersetzen. Auch sind sie kein kostengünstiger Ersatz von Tagesmüttern oder Babysittern. In der Regel ein- bis zweimal wöchentlich kümmern sich die Wunschgroßeltern stundenweise um ihre Wunschenkel, deren Großeltern nicht vor Ort wohnen oder anderweitig verhindert sind. Sie entlasten dadurch Mütter und Väter, die häufig alleinerziehend sind, und schaffen ihnen

Freiräume. Meist wird eine Auslagenerstattung oder eine Aufwandsentschädigung bezahlt. Manche Großelterndienste basieren auch auf Tausch-Modellen, das heißt die Familie unterstützt im Gegenzug die Leihgroßeltern etwa beim wöchentlichen Einkauf. Eine Koordinierungsstelle ist verantwortlich für Qualifizierung, Vermittlung, Beratung und Krisenintervention.[123]

Als seine Firma ihm nahelegte, in die Altersteilzeit zu gehen, war Bernhard klar, dass er nach einem Leben, in dem die Arbeit wesentlicher Inhalt war, sich etwas einfallen lassen müsse, um nicht in ein Loch zu fallen. Als Sohn aus kinderreicher Familie war für ihn selbstverständlich, dass er etwas für andere tun wollte. Er wurde ehrenamtlicher Betreuer, kümmert sich um eine alte Dame im Heim und engagiert sich als Sterbebegleiter. Und als er zufällig auf einen Prospekt stieß, in dem Leihomas und Leihopas gesucht wurden, kam ihm das gerade recht: Neben so viel Not, Altern und Sterben wollte er als Ausgleich mit etwas Jungem, Lebendigem zu tun haben.

So kümmert sich der 62-Jährige seit zwei Jahren um ein Geschwisterpaar, der Kleine ist jetzt sechs, die Große neun Jahre alt. Weil die einen Großeltern zu weit entfernt wohnen und der Kontakt zu den anderen schwierig ist, wollten die Eltern ihren Kindern einen Großvaterersatz bieten, nachdem es zuvor bereits eine Leihoma gegeben hatte. So macht sich Bernhard jeden Mittwochnachmittag auf den Weg zu den beiden, um mit ihnen etwas zu unternehmen: auf den Aktivspielplatz, in den Zoo, in die Bücherei oder in verschiedene Museen, wo Bernhard selbst am liebsten hingeht – »ich will ja auch was davon haben!« (Deswegen ist er im Gelegenheitsjob auch Museumsaufseher.) Für die Kinder ganz wichtig, ist immer der Rucksack mit Schokolade, Brezeln,

Getränken und Bechern dabei – »denn aus der Flasche wird nicht getrunken!«

Die Kinder sollen von ihm schon auch ein bisschen Anstand lernen, da er mit manchen pädagogischen Prinzipien ihrer Eltern hadert: »Ständig wird dort alles diskutiert, auch wenn es die Kinder überhaupt nichts angeht.« Gerne würde er den Eltern gelegentlich etwas sagen und raten, »aber da beiße ich mir lieber auf die Zunge.« Dafür muss er dann gelegentlich den Vorwurf des Kleinen aushalten, er wolle immer der Bestimmer sein, wenn er ein Ziel ansteuert, das den Kindern missfällt. »Die Kinder wissen nicht immer zu schätzen, was ich ihnen biete, aber später werden sie dankbar sein, und im Übrigen sind sie nach jeder Unternehmung glücklich.« Glücklich sind auf jeden Fall die Eltern, die von ihm meist auch einen Ausflugs-Schnappschuss aufs Smartphone bekommen, und die ihre Dankbarkeit etwa durch eine Einladung zum Grillen ausdrücken.

Für Bernhard ist in dieser Großvater-Enkel-Beziehung irgendwann ein Ende in Sicht. »In ein paar Jahren werden die Kinder das Interesse an mir verlieren.« Und dann kann er sich ein neues Wunschenkelkind vorstellen, allerdings nur ein einzelnes, »weil das weniger Interessensgegensätze mit sich bringt.«

WUNSCH-OPAS DRINGEND GESUCHT

Mancherorts titulieren Großelterndienste lediglich mit »Wunsch-Großmüttern« oder »Leih-Omas« und bringen damit zum Ausdruck, dass Männer nicht im Blick oder ausdrücklich nicht erwünscht sind. Männern schlägt, wie etwa auch männlichen Erziehern im Feld der frühkindlichen Bildung, der Generalverdacht entgegen, sich aus obskuren Motiven für ein doch angeblich weibliches Betätigungsfeld zu interessieren. Tief verwurzelt in den Köpfen sind noch immer überkommene Geschlechterklischees, die von einer einäugigen gesellschaftlichen Gewaltdebatte genährt werden: Sexualisierte Gewalt geht angeblich immer von Männern aus, Frauen und Kinder sind die Opfer, dabei sind auch Grenzverletzungen und sexualisierte Gewalt von Frauen an Männern und Kindern inzwischen hinreichend belegt.[124] Da jedoch gewalttätige Frauen und sexuell übergriffige Mütter für die meisten Menschen kaum vorstellbar sind, werden diese wissenschaftlichen Erkenntnisse tabuisiert.

So werden auch hier wieder Männer von der Teilhabe an einem wichtigen sozialen Handlungsfeld ausgegrenzt oder diffamiert, wo doch für viele Familien der Wunsch-Opa ein willkommener Ersatz für den abwesenden Vater und für die in den Kinderwelten so seltenen Männer sein könnte. In Deutschland wachsen 2,2 Millionen Kinder in Familien mit nur einem Elternteil auf, was in neun von zehn Fällen die Mutter ist;[125] sie besuchen Kindertageseinrichtungen, in denen der Männeranteil gerade einmal vier Prozent beträgt; werden mitunter noch von einer Tagesmutter betreut und kommen in Grundschulen, wo auf einen Lehrer neun Lehrerinnen kommen.[126] In ihrem ersten Lebensjahrzehnt werden Kinder so größtenteils in weiblichen Welten sozialisiert, es fehlen Männer, die Jungen und Mädchen Orientierung geben, die als Rollenvorbild zur Verfügung stehen, die das männliche Element im Leben verkörpern und vorleben.

»Norbert kommt, Norbert kommt!« Ein Pulk von Kindern stürmt dem 68-Jährigen entgegen, hängt sich ihm an Arme und Beine und zerrt ihn in die Experimentierecke, wo sie schon alles liebe-

voll für ihn vorbereitet haben. So ungestüm wird Norbert jeden Montagvormittag im Kindergarten empfangen, wo er seinen vielen »Wahlenkeln« mit kleinen naturwissenschaftlichen Experimenten die Welt erklärt. Angeregt und geschult hierfür wurde er über das Bundesprogramm »Haus der kleinen Forscher«. Er hat mit den Kindern Schneeflocken eingefangen und deren Kristallstrukturen erforscht, das Rätsel der süßen Eisberge im Salzwasser ergründet oder das Verschwinden des Zuckerwürfels im Tee verfolgt. Der pensionierte Berufsschullehrer, der früher meist Fragen beantworten musste, die keiner gestellt hatte, entwickelt ein immer größeres Interesse an den wirklichen Fragen der Kinder. Und angesteckt von deren Begeisterung holt er nebenbei selbst nach, »was er einst als zu braver Junge versäumte«. Er genießt die herzlichen Beziehungen, ist von den Erzieherinnen als einziges männliches Gegenüber für die Kinder gern gesehen und bekommt so insgesamt fast mehr Wertschätzung als in seinem gesamten Lehrerberufsleben.

Männer sollten sich nicht von Vorurteilen und Widerständen abschrecken lassen, sondern davon ausgehen und darauf vertrauen, dass sie zwar nicht in jeder, dafür aber in anderen Familien umso willkommener sind. Auch wenn die Männer häufig nicht allein, sondern zusammen mit ihrer Ehefrau als Wunschgroßeltern vermittelt werden, haben Großmütter nicht selten nach kurzer Zeit schon das Nachsehen. Sie sind oft strenger und noch in der alten Mutterrolle verfangen, während die Männer sich davon abgrenzen, vieles ganz anders machen und mit ihren Wunschenkeln all die Dinge tun, die ihnen beiden einfach Spaß machen.[127] Wo Großväter sonst neben der Großmutter nur die zweite Geige spielen oder in der väterlichen Linie noch mehr zurückstehen müssen, können sie als Wahl-Großväter eine besondere Beziehung zum Wahl-Enkel entwickeln. Wenn der Wunsch-Großvater allein vermittelt wurde, kann es gar eine exklusive Beziehung werden, in die er nach eigenem Gusto seine Partnerin vielleicht gelegentlich mit hineinnimmt, wo es aber immer *sein* Enkelkind bleibt. Eine soziale Großvater-Enkel-Beziehung, die sich im Übrigen insofern von einer biologischen unterscheidet, als Wahl-Enkel und Wahl-Großeltern ihre Zuneigung im gemeinsamen Tun gewissermaßen erst entdecken müssen.

ÄLTER WERDEN – MENTOR WERDEN

Nach 40 Jahren »betrieblicher Leibeigenschaft« scheuen manche Männer die Verbindlichkeit einer solchen Wahlverwandtschaft, die eben kein überschaubares Projekt mit beschränkter Laufzeit und terminierter Verbindlichkeit ist, sondern womöglich eine – zumindest für den Wahlgroßvater – lebenslängliche, regelmäßige und verlässliche Verpflichtung bedeuten kann. »Du bist zeitlebens für das verantwortlich, was du dir vertraut gemacht hast«, mahnt Saint-Exupérys kleiner Prinz. Wer sich auf weniger Einbindung einlassen will, für den gibt es Patenschaftsprojekte, die landauf landab in vielfältigen Formen und Bezeichnungen zu finden sind. 1500 Mentoring- und Patenschaftsprogramme mit insgesamt rund 60 000 ehrenamtlich Engagierten setzen sich derzeit für die individuelle Potenzialentfaltung von Kindern und Jugendlichen in Deutschland ein.

- *Aktivpaten* können *Familienpaten, Erziehungslotsen* o *Sozialpaten* sein, die Familien einige Stunden besuch um sie im Umgang mit den Kindern zu unterstützen u… sie zu entlasten;
- *Lernpaten* helfen einem Kind oder einer kleinen Gruppe von Kindern in schulischen Dingen wie Hausaufgaben, geben Nachhilfe, unterstützen beim Spracherwerb;
- *Vorlesepaten* gehen in Kindertagesstätten und Grundschulen, um Kindern Spaß an Büchern und am Lesen zu vermitteln.
- Berufs- und lebenserfahrene *Jobpaten,* auch *Ausbildungspaten, Bildungspaten, Berufspaten* genannt, entwickeln mit einem Hauptschüler, Langzeitarbeitslosen und anderen schwer Vermittelbaren berufliche Perspektiven, unterstützen sie bei der Arbeitssuche und lassen ihnen ihre Kontakte in der Arbeitswelt zugutekommen.
- Fach- und Führungskräfte geben als *Coaches* Studienabgängern ihre Berufserfahrung weiter.

Ganz besonders gefragt sind Männer in der Betreuung von jungen Flüchtlingen, die häufig ohne Väter und schon gar nicht mit ihren Großvätern ins Land gekommen sind.

Informationen und Anregungen zu Patenschaften und anderen Großväter-auf-Zeit-Projekten finden sich hier:
www.aktivpaten.de
www.patenmodell.de
www.althilftjung.de
www.vielstimmig.org

Jeder ältere Mann sollte Mentor werden. Ein Lern- und Entwicklungspartner, der einem Enkel oder einem anderen jungen Menschen zur Seite steht. »Mentor« war in der griechischen Mythologie der Betreuer des jungen Telemachos, als sich dessen Vater im besten Mannesalter auf seinen abenteuerlichen Zehnjahrestrip machte. Der junge Odysseus hatte anderes im Sinn, als sich um Frau und Sohn zu kümmern, und so trat die Göttin Athene, in Männergestalt, als Mentor auf den Plan. Dem Sohn fehlte zwar der Vater, er bekam dafür allerdings etwas, was ihm sein junger, ungestümer und suchender Vater nicht hätte geben können: männliche und weibliche Zuwendung von einer Person gleichzeitig, wie dies Männer meist erst im höheren Lebensalter geben können. Wenn das so genannte männliche Geschlechtshormon, das Testosteron, im Alter abnimmt, gleichen sich Männer den Frauen hormonell an. Diese Androgynisierung, die Integration von männlichen und weiblichen Anteilen, erlaubt einen Abschied von den früheren starren männlichen Rollenzwängen und eine Integration von eher femininen Verhaltenszügen wie emotionale Wärme oder fürsorgliches Interesse am anderen.[128] Diese Bereicherung des Gefühls- und Verhaltensrepertoires kann dem Mann im Alter ganz neue Erlebens- und Begegnungsmöglichkeiten erschließen, gerade so, als dürfte der Mann »aus dem Exil der geschlechtsspezifischen Einseitigkeit zurückkehren«[129]. Wo (soziale) Großväter andere Seiten zeigen und ausleben können, als ihnen das in der Vaterrolle möglich war, können Enkel und andere junge Leute zu ihnen meist entspanntere Beziehungen entwickeln als zu ihren Vätern.

»Man glaubt gar nicht, wie viele Kinder keinen Ansprechpartner für ihre kleinen und großen Sorgen und Nöte haben, wie viele Kinder in zerrissenen und desolaten Verhältnissen aufwachsen müssen.« Das ist es, was Bruno jede Woche aufs Neue gern in seine Realschule gehen lässt, wo er für Kinder und Jugendliche als Streitschlichter und Vertrauensperson in allen Lebenslagen zur Verfügung steht. Einen Vormittag lang ist der 69-Jährige für alle Probleme der Schülerinnen und Schüler ansprechbar: Das kann das Federmäppchen sein, in das ein Mitschüler reingepinkelt hat; der Liebeskummer und die Eifersucht in der Mädchenclique; das Mobbing, mit dem eine Schülerin mit Filmen oder Beschimpfungen im Internet bloßgestellt wird. »Manchmal bin ich schon entsetzt und auch etwas überfordert, wenn ich sehe, wie schamlos und primitiv die jungen Leute miteinander umgehen.« Aber wenn Bruno dann nach Gesprächen mit den Betroffenen und anderen Beteiligten sieht, dass der Streit beigelegt ist, Kinder wieder gern und ohne Angst in die Schule kommen, dann weiß er, wie wertvoll sein Engagement als »neutraler Großvater« ist. In zwei intensiven Wochen, über regelmäßige Fortbildungen und regelmäßige Beratungsgruppen wurde er für seine Aufgaben als Mediator gut qualifiziert und begleitet, und wenn es einmal ganz hart hergehen sollte, gibt es den kurzen Draht zur professionellen Begleiterin. Im Übrigen »bringe ich als ehemaliger Lehrlingsausbilder und aktiver Großvater einige Erfahrungen mit.«

IHRE ERFAHRUNG REICHT FÜR ZWEI!

Das Ausscheiden aus dem Berufsleben ist für viele Männer eine Kränkung. Im Zenit ihres Wissens und ihrer Berufserfahrung waren sie gestern noch von so vielen gefragt, vielleicht ging keine Entscheidung an ihnen vorbei, und schon heute liegt der Marktwert ihrer Kompetenzen bei Null, haben andere das Ruder in der Hand, gerade so, als ob es sie im Betrieb nie gegeben hätte. Simone de Beauvoir brachte dies in ihrem Klassiker »über das Altern« auf die radikale Formel: »Ein ehemaliger Mechaniker ist kein Mechaniker mehr. Er ist nichts.« Im Zenit ihrer beruflichen Kompetenzen und mit einem Gesundheitsstatus, der sich gegenüber der vorherigen Generation durchschnittlich um fünf Jahre verbessert hat, fühlen sich viele Männer noch zu jung für den Ruhestand, erleben sich als viel zu früh »aus der aktiven Männergesellschaft entlassen«[130]. Patenschaften und Mentorenprogramme sind deswegen nicht nur für die Jungen so wertvoll, sondern können auch älteren Männern viel geben, weil sie ihnen vermitteln, dass 40 Jahre Berufs- und Lebenserfahrung immer noch gefragt und wertvoll sind.

Wenn Männer nach dem Berufsleben, das meist eine von Männern geprägte Welt war, in den Ruhestand und nach Hause kommen, dann sind sie, wie der Alterssoziologe Martin Kohli sagt, von einer zweifachen »strukturellen Feminisierung« betroffen. Das nachberufliche Leben entlässt die heute älteren Männer, deren Partnerschaft meist noch von der klassischen Rollenverteilung geformt war, in die Domäne der Frau. »Papa ante portas«, der bis vor kurzem noch mit einer klaren beruflichen Rolle identifizierte Mann, sucht – häufig vergeblich – seinen Platz in einer weiblich geprägten Welt. Der Rollenwechsel vom sichtbaren Ernährer zum unsichtbaren »Schattenarbeiter«, dieser Wechsel aus der öffentlichen Welt ins Private ist eine erhebliche kognitive und psychologische Herausforderung, denn anerkannte männliche Arbeit ist sichtbar und kreativ. Und auch jenseits der familiären Welt findet er sich, je älter umso häufiger, unter Frauen wieder, wie zum Beispiel in Bildungsveranstaltungen oder in Kirchengemeinden. Aktivitäten mit Enkeln oder anderen jungen Leuten erlauben dem Mann, sich wieder mehr draußen, in männlich geprägten Welten zu bewegen und sich seiner männlichen Identität zu versichern.

LERNEN, EIN GESCHÄFT AUF GEGENSEITIGKEIT

Aber was können, neben solch spezifisch beruflichen Erfahrungen, in unserer sich immer schneller drehenden Welt die Jungen von den Alten heute überhaupt noch lernen? Wo doch der Hauptschüler den alten Akademiker in die Geheimnisse des Computers einführt; wo Google fast alle Fragen der Jungen viel schneller, aktueller und präziser als der noch so gelehrteste Alte beantworten kann; wo nicht der Alte dem Jungen den Weg in die Welt weist, sondern vielmehr der Junge dem Alten zu seiner Bahnfahrkarte am komplizierten Automaten verhilft. »Wir leben in einer so sonderbaren Lage, dass die Greise nicht mehr Erfahrung haben als die Jünglinge. Wir alle sind Neulinge, weil alles neu ist.« Was wie eine Gegenwartsanalyse klingt, war die Klage des französischen Literaten Joseph Joubert vor 200 Jahren.

Wollen ältere Männer ihre Enkel oder andere junge Leute nicht ungefragt mit ihren Ratschlägen erschlagen oder ihre Altersweisheiten ins Leere deklamieren, tun sie gut daran, sich nicht als Oberlehrer zu gerieren, sondern die drei Kategorien intergenerationalen Lernens miteinander zu verknüpfen: An die Stelle des einseitigen Belehrens treten, in Ergänzung zu den erwähnten Beziehungsformen von Margret Mead,

- das voneinander Lernen, wobei der eine den anderen an seiner Erfahrung und seiner Lebenswelt teilhaben lässt,
- das miteinander Lernen, wobei sich beide gemeinsam etwas Neues erarbeiten,
- was schließlich ein explizites oder indirektes übereinander Lernen und Verständnis der anderen Generation ermöglicht.[131]

Als Ulrich mit 64 in Rente ging, klopfte die städtische Beauftragte für Bürgerschaftliches Engagement bei ihm an. Für ein neues Projekt wurden Job-Paten gesucht, die unterstützungsbedürftige Hauptschüler bei der Berufsfindung begleiten. Vor allem war es Neugierde, weshalb sich der gelernte Chemiker auf die neue Aufgabe einließ. »Ich wollte wissen, ob es wirklich stimmt, was man über die Jugend immer so liest und sehen, wie sie wirklich sind.« Mit sechs 15-/16-Jährigen aus fünf Nationen hatte Ulrich jetzt zu tun. Kinder aus »oft nicht ganz unproblematischen Verhältnissen«, deren Motivation meist nicht allzu groß ist, denen eine »nächtliche Computersitzung manchmal wichtiger als ein pünktlicher Schulbesuch« ist, daneben aber auch Fleißige und Zielorientierte. So ist es für Ulrich immer spannend, was der nächste seiner wöchentlichen Termine bringen wird. »Manchmal braucht es schon Nerven wie Drahtseile«, aber dann freut er sich, wenn der gemeinsame Besuch in einer Firma, die gemeinsam erstellten Bewerbungsunterlagen oder das gut trainierte Vorstellungsgespräch mit Erfolg belohnt werden. Rückhalt findet er in den monatlichen Austauschrunden mit anderen Jobpaten oder bei kleinen Fortbildungsveranstaltungen. Als sich schließlich drei seiner »harten Jungs« bei der Schulabschlussfeier öffentlich mit einer Pralinenschachtel bei ihm bedankten, wurde ihm bewusst, »dass ich trotz der harten Schale vielleicht doch mehr anstoßen konnte, als ich dachte.«

So können sich tragfähige Lernpartnerschaften mit einer gegenseitigen und verbindenden win-win-Situation entwickeln. Was gleichzeitig auch ein Beitrag gegen das tendenzielle Auseinanderdriften der Generationen, der Lebenswelten von Jung und Alt sein könnte, wobei man hier nicht unbedingt an die überalterten »Seniorenreservate« am Alpenrand, in den Kurbädern oder in manchen Regionen Ostdeutschlands denken muss. Zur Trennung zwischen den Generationen tragen zum Beispiel Seniorenpässe im öffentlichen Nahverkehr bei, die den Alten »Strafgebühren« auferlegen, wenn sie zu den Hauptverkehrszeiten der Jungen fahren, oder der missbilligende Blick für die alte Frau, die ausgerechnet kurz vor Ladenschluss den Betrieb an der Supermarktkasse aufhält. Aus der distanzierten Wahrnehmung fällt das Urteil über die jeweils andere Generation überwiegend negativ aus – »die heutige Jugend / die schrecklichen Alten …« Im Gegensatz zu diesem eingetrübten distanzierten Generationen*verhältnis* wird die Generationen*beziehung*, eine direkte persönliche Begegnung, in der Regel positiv bewertet.[132] Gute Beziehungen brauchen den direkten Austausch, Kontakte entstehen über Berührung, Wärme entwickelt sich über Reibung.

Intergenerative Projekte gibt es überall. Manche davon sind als solche ausdrücklich ausgewiesen, viele waren aber einfach immer schon generationsübergreifend wie zum Beispiel Musikvereine und Orchester. Gemeinsame Angebote und Projekte für Jung und Alt lassen sich nach sechs verschiedenen Schwerpunkten und Zielsetzungen unterscheiden:

- Kommunikation und Erfahrungsaustausch zwischen den Generationen ermöglichen und fördern
- Sich bei Sport und Spiel begegnen
- Lebensräume der anderen Generationen erkunden und neue kennenlernen
- Gemeinsames kulturelles Gestalten und Erleben
- Generationenübergreifende Unterstützung geben und Netzwerke schaffen
- Generationenübergreifende Wohnformen entwickeln.[133]

Über den Suchbegriff »Generationenprojekte« lassen sich im Internet viele intergenerative Initiativen und Projekte finden, denen man sich anschließen kann oder die anregen können, etwas Vergleichbares vor Ort zu entwickeln.

www.senioren-initiativen.de führt zu einer Datenbank der Bundesarbeitsgemeinschaft Seniorenbüros mit über 1200 Initiativen in Deutschland

www.mehrgenerationenhaeuser.de ist die Plattform des Bundesministeriums für Familie für die rund 500 Mehrgenerationenhäuser in Deutschland.

www.intergeneration.ch ist eine Plattform der Schweizerischen Gemeinnützigen Gesellschaft mit über 200 Generationenprojekten in der Schweiz

www.freiwilligenweb.at ist das Portal für freiwilliges Engagement des österreichischen Sozialministeriums

Mit 500 Einrichtungen wurde von der Bundesregierung in Deutschland seit 2006 ein flächendeckendes Netz von Mehrgenerationenhäusern geknüpft. Sie wollen zentrale Begegnungsorte für ein aktives Miteinander der Generationen sein und Raum für gemeinsame Aktivitäten und ein neues nachbarschaftliches Miteinander in der Kommune schaffen. In diesen Häusern, die in nahezu jedem Landkreis und jeder kreisfreien Stadt aufgebaut wurden, finden sich Aktivitäten von der Wiege bis zur Bahre wie Kleinkinderbetreuung, Jugendarbeit, Bildungsangebote, Gruppen pflegender Angehöriger, Hospizdienste. Dort sind Männer als Akteure immer sehr willkommen, um sich an einem der Angebote und Projekte zu beteiligen oder auch, um selbst etwas zu initiieren und aufzubauen.

Von Mehrgenerationenhäusern, die vor allem Begegnungsstätten sind, zu unterscheiden sind Mehrgenerationen-Wohnprojekte. Projekte gemeinschaftlichen Wohnens für alle Generationen, die auf dem Prinzip der Wahlverwandtschaften im Nahbereich basieren. Sie wollen vor allem ein tragfähiges Netz fürs Alter schaffen, indem rechtzeitig stabile generationenübergreifende Beziehungen aufgebaut wurden. Denn die eigenen Kinder leben im Zweifelsfall zu weit entfernt oder stehen für Pflege nicht zur Verfügung – was man von ihnen sowieso nicht unbedingt erwarten sollte.

Ein gemeinschaftliches Wohnprojekt mit Menschen unterschiedlichen Alters trägt der Tatsache Rechnung, dass die Kreise der Mobilität im Alter immer kleiner werden und dass alles Wichtige im Nahbereich angesiedelt sein sollte:

eine Anbindung an den öffentlichen Nahverkehr, eine gute Versorgung mit Lebensmitteln und vor allem eine ausreichende Zahl von generationsübergreifenden, sozialen Kontakten. So können unterschiedliche kommunikative Bedürfnisse in der unmittelbaren Nachbarschaft befriedigt werden, kleine gegenseitige Unterstützungsleistungen erhöhen die Wahrscheinlichkeit, auch im höheren Lebensalter nicht allein zu stehen.

Informationen und Datenbanken über bestehende und geplante Wohnprojekte sowie weiterführende Links im deutschsprachigen Raum finden sich hier:
www.fgw-ev.de (Forum für gemeinschaftliches Wohnen im Alter)
www.wohnprojekte-portal.de
www.netzwerk-nachbarschaft.net

Solche Wahlverwandtschaften können keine professionelle Pflege ersetzen, aber sie hinausschieben und alltagsnahe und pflegeflankierende Hilfen leisten. Die Planung derartiger Projekte kann brachliegende berufliche Kompetenzen reaktivieren und dem Leben so neue Herausforderungen bringen und Sinn stiften. Für das Ehepaar kann es noch einmal ein verbindendes Projekt sein. Schließlich sollte ein verantwortungsbewusster Ehemann mit Blick auf die amtlichen Sterbetafeln daran denken, dass seiner, meist jüngeren Frau womöglich noch einige Witwenjahre bevorstehen. »Frauen müssen damit rechnen, ihren Ehemann im Durchschnitt um 14 bis 15 Jahre zu überleben.«[134] Da ist es gut, seine Partnerin in einer tragfähigen Wohn- und Lebensgemeinschaft geborgen zu wissen. Drei Viertel der Bevölkerung halten Mehrgenerationenwohnen für eine gute Idee, die Hälfte könnte sich vorstellen, in solch einem Projekt selbst zu wohnen.[135]

AUF DEM WEG ZUR (GROSS-)VATERLOSEN GESELLSCHAFT?

Zum Ende sollen, ohne dabei sehr in die Tiefe gehen zu können, noch einige neue, bislang wenig beachtete Aspekte sozialer Großvaterschaft aufgezeigt werden. Bereits erwähnt wurden die möglichen familiären Komplexitätserweiterungen, wie sie durch Scheidungen und Wiederverheiratung entstehen können. Gesetzt den Fall, es würden sich sowohl die Eltern als auch beide Großelternpaare trennen und wieder verheiraten, könnten einem Enkelkind neben den vier biologischen Großeltern noch acht soziale gegenüberstehen – mögliche Urgroßeltern außer Acht gelassen.

Derzeit gibt es in Deutschland schätzungsweise rund 100 000 Spenderkinder, jedes Jahr kommen knapp 5000 neu hinzu. »Neue Weltbürger«, wie sie die Familienforscherin Elisabeth Beck-Gernsheim bezeichnet, »Ein Joint-venture-Produkt, in dem sich spanische Eizelle, Sperma aus Dänemark und indische Leihmutter verbinden.«[136] Die große Mehrheit dieser Kinder kennt Spender oder Spenderin nicht – wobei es sich dabei in den meisten Fällen um den biologischen Vater handelt. Erst in Ansätzen wird diskutiert, welche Folgen es hat, wenn die klassische Paardyade in eine biologische, genetische und soziale Elternschaft gesplittet wird. Nach der UN-Kinderrechtskonvention und Grundgesetz Artikel 2 hat jedes Kind ein Recht darauf, seine

Abstammung nachvollziehen zu können. Denn das elementare Grundrecht, seine Wurzeln zu kennen, entwickelt sich spätestens im Jugendalter zu einem elementaren Bedürfnis. Auch für den sozialen Vater und seine Beziehung zur Kindsmutter und zum Kind ergeben sich vielfältige Fragen und psychologische Herausforderungen, auf die an dieser Stelle nur hingewiesen werden kann.[137]

Durch diese Veränderungen kommen, über die vielen Scheidungskinder hinaus, weitere Väter abhanden. Damit bewegen wir uns wieder in eine Richtung, die der Psychoanalytiker Alexander Mitscherlich 1963 in seinem Klassiker »Auf dem Weg zur vaterlosen Gesellschaft« beklagt hatte. Und: Wo der Vater abhandenkommt, verliert ein Kind zwangsläufig auch seinen Großvater. Deswegen sei abschließend an die Mahnung des irischen Schriftstellers und Politikers Edmund Burke erinnert: »Wenn ihr eure Vorväter geachtet hättet, hättet ihr gelernt, euch selbst zu achten.«

»Kannst du pfeifen, Johanna« von Ulf Stark und Anna Höglund (Carlsen 1993) ist ein witziges und anrührendes, mit dem Deutschen Jugendliteratur Preis ausgezeichnetes Buch über eine unkomplizierte Begegnung zwischen Jung und Alt.

Berra hat keinen Opa und ist neidisch auf Ulf, der ständig von seinem Großvater schwärmt. So einen Opa, der mit ihm angeln geht und gern Schweinshaxen isst, wäre schon praktisch. Aber woher kriegt man den? Kein Problem, sagt Ulf und nimmt Berra mit ins Altersheim. Der einsame alte Nils weiß zunächst gar nicht, wie ihm geschieht, aber die beiden Buben sind eine willkommene und unterhaltsame Abwechslung. Die Freunde müssen ihm zuerst einmal beibringen, wie ein richtiger Opa sich zu verhalten hat, wie zum Beispiel gemeinsam Kirschen klauen gehen. Und der alte Nils wiederum kann etwas, was Berra so gerne können würde – pfeifen.

WENN ICH EINMAL GROSSVATER BIN – EIN NACHWORT

Nein, ich bin (noch) kein Großvater. Nicht nur meine betagte Mutter höre ich darum zweifelnd fragen, »wie kannst du über etwas schreiben, von dem du selbst noch keine Ahnung hast?« Ja, ich kann in der Tat nicht am eigenen Leib spüren, was es heißt, Großvater zu sein, diese existenzielle Erfahrung fehlt mir. Deswegen könnte es mir eines Tages vielleicht wie damals gehen, als der studierte Sozialpädagoge Vater wurde und sich zwischen Theorie und Praxis plötzlich eine erstaunliche Lücke auftat.

Auf der anderen Seite läuft der enkellose Sozialwissenschaftler auch weniger Gefahr, seine persönlichen Großvatererfahrungen in unzulässiger Weise zu verallgemeinern und ein subjektives Betroffenheitsbuch zu schreiben. Großvaterschaft konnte für mich auf diese Weise der bislang noch fremde und neue Kontinent sein, dem ich mich gleichsam als Ethnologe von außen annäherte, wo ich die Berichte anderer Forscher studierte, die persönlichen Erfahrungen und Innensichten der »Eingeborenen« erkundete und meine Befunde und Folgerungen zu einem schlüssigen Gesamtbild zusammenzusetzen versuchte.

Gleichzeitig ist allerdings auch der objektivste Beobachter immer Teil des beobachteten Systems und geht zudem mit eigenen Erfahrungen und Vorurteilen in sein Forschungsfeld. Dies gilt ganz besonders für die Sozialwissenschaften, wo der Forscher seine persönlichen Berührungspunkte mit dem Forschungsthema nicht verleugnen und mit seiner möglichen Voreingenommenheit reflektiert umgehen sollte. Darum will ich zum Abschluss dieses Buches einige Einblicke in meine Großvatergeschichte(n) geben.

»Cervisia bibunt homines« war einer der gern zitierten klassischen Sprüche meines Großvaters mütterlicherseits beim Mittagessen. »Die Menschen trinken Bier«, war allerdings, wie andere lateinische »Weisheiten«, weniger dem Enkel als dem Großvater wichtig, der sich damit womöglich seine lebenslustige, feuchte Studienzeit in Erinnerung rief. Gerne nahm ich den weiten Fußweg zu meinem Opa auf mich, einem gemütlichen und immer wieder witzigen, rundlichen alten Mann. Dass dieser freundliche alte Herr vormals ein ziemlich autoritärer Patriarch gewesen war, erfuhr ich erst viel später, und es wollte nie so recht zu meinem Bild von ihm passen. Bei den Großeltern zu sein, liebte ich als Sohn aus einer kinderreichen Familie auch deswegen, weil ich hier nicht wie sonst alles teilen musste und einen vergleichsweise üppigen Luxus genießen durfte.

Ein besonderer Höhepunkt waren vor allem jene Mahlzeiten, wo Großvater den Rote-Grütze-Test machte: Das Nachtischschälchen nach oben führen und es direkt über der Glatze nach unten wenden, begleitet von missbilligenden spitzen Schreien meiner Großmutter, das war stets aufs Neue spannend; eine gute Grütze bleibt in der Schüssel, und leider gab es immer nur gute Grützen. Weitere Erinnerungsbilder: perfekte Rauchkringel, die Großvater mit seiner Zigarre genüsslich in die Luft paffte oder der Kaffee, der immer zu heiß war und deswegen aus der Untertasse getrunken wurde. Opa hatte einen hohen Unterhaltungswert und erzählte auch manchmal von der Versenkung seines Kriegsschiffes in der Skagerrakschlacht. An ein wirklich persönliches Gespräch, an interessierte Fragen kann ich mich jedoch nicht erinnern.

Schließlich gab es da noch die besondere Kiste mit den Elastolin-Soldaten aus dem »Dritten Reich«, mit denen ich ausgiebig spielte: prächtige Schlachtfelder mit Kanonen, Soldaten, Verwundeten und Braunhemden mit Hakenkreuzbinden – über den Hintergrund dieser zweifelhaften Figuren wurde ich nie aufgeklärt.

Als ich zwölf Jahre alt war, starb mein Großvater nach seinem 85. Geburtstag, alt und lebenssatt und bei klarem Verstand.

Über meinen Großvater väterlicherseits weiß ich nur wenig. Er wurde im Alter von 63 Jahren, in eine Lektüre vertieft, von einer Straßenbahn überfahren. Mein Vater war damals 22 Jahre alt und musste fortan an die Stelle des Familienoberhauptes treten. Es war nur selten von diesem Großvater die Rede, und gerne wüsste ich heute mehr über ihn und eine meiner Wurzeln, aber es lebt niemand mehr, den ich noch nach ihm befragen könnte.

Mit 53 Jahren wurde mein Vater zum ersten Mal Großvater, hatte aber als beruflich und ehrenamtlich eingespannter Mann kein besonders enges Verhältnis zu seinen Enkeln. Unser ältester Sohn war das erste Enkelkind, das nach seiner Pensionierung auf die Welt kam. Auch wenn er nun mehr Zeit gehabt hätte, gelang es ihm nicht mehr, zu einer wirklich zugewandten Großvaterrolle zu finden, bevor er zwei Jahre später mit 69 Jahren starb.

Mein Schwiegervater war ein guter Großvater. Allerdings genossen seine großväterliche Zuwendung fast ausschließlich seine drei Enkel, die mit ihm unter einem Dach wohnten. Unsere Kinder erlebten ihn meist nur bei Familienfesten.

Meine wichtigste Bezugsperson im Großvaterrang war allerdings nicht mir verwandt. Es war der Vater unserer jungen »Haustochter«, die mich drei Jahre nach meiner Geburt betreute und mich jeden Sommer zu sich nach Hause mitnahm.

Seit ich mich erinnern kann, hatte ich jedes Jahr sehnsüchtig auf die großen Ferien gewartet, wenn ich wieder für mehrere Wochen in mein geliebtes Dorf zu meinen Wunschgroßeltern durfte. Es war eine wunderbare Welt. »Herr Gerber«, wie ich ihn nannte, in seiner alten Gerberei, in der es noch alles gab, was dazugehörte: eine mächtige, lederriemengetriebene Lederwalze, gefährliche Chemikalienbecken und Lohgruben, wo man immer aufs Neue so lange von Brett zu Brett und von Stein zu Stein hüpfen konnte, bis man wieder einmal in die braune Rindenbrühe fiel; Herr Gerber mit riesigen Kuhhäuten auf dem Gerberbaum, die nach einem langen Prozess zu dickem Leder gereift waren.

In der guten Stube, am Ehrenplatz über dem alten Ledersofa, hing das signierte Bild von König Wilhelm II. In den Revolutionswirren von 1918 hatte sich der Monarch ins Schloss Bebenhausen geflüchtet, und unter den Kriegsheimkehrern war nach Freiwilligen gesucht worden, die ihren König beschützen wollten. Obschon kriegsmüde und heimwehkrank war es für Herrn Gerber, als Königstreuem, eine Pflicht, dem abgedankten Monarchen für einige Monate als Leibgarde zu dienen. Der gottesfürchtige und aufrechte Mann blieb zeitlebens seinen konservativen Prinzipien treu: Jeden ersten Mai fuhr er mit seiner Schubkarre durchs Dorf, um alle wissen zu lassen, was er vom Kampftag der Arbeiterklasse hielt.

Es war meine zweite, aber innerlich meine erste Heimat, von der ich viel geträumt und nach der ich oft Heimweh hatte. Haus, Werkstatt, Schuppen, Garten, Dorf, Badesee und Natur waren voller Überraschungen und nicht enden wollender Entdeckungen, die ich an der Hand meines alten Freundes erkundete, der auch noch die schwierigsten Fragen zu beantworten wusste. Nebendran ein Bauernhof, wo ich auf dem Traktor mitfahren durfte oder mit Max, dem alten Gaul, der selten einmal seine enge Box im Stall verlassen durfte, Zwiesprache hielt. Ein großes Abenteuer für ein Stadtkind und ein exklusiver Genuss, diese Zuwendung zweier liebevoller Erwachsener nicht mit den Geschwistern teilen zu müssen.

Jetzt bin ich bereits acht Jahre über dem durchschnittlichen Großvater-Eintrittsalter und bin gespannt, wie es sein wird, wenn es soweit sein sollte. Als Vater dreier erwachsener Kinder darf ich hoffen, ansonsten steht natürlich auch mir eine soziale Großvaterschaft offen. Auch wenn ich ein aktiver Vater war und für zehn Jahre meine Berufstätigkeit zugunsten der Kinderbetreuung reduziert hatte, freue ich mich doch auf unbeschwerte und gänzlich vaterpflichtenfreie Zeit mit Enkeln. Ich würde gerne nochmals ein Kind aufwachsen sehen, es mit angemessener Nähe und Distanz begleiten wollen. Ich hätte Lust, noch für eine dritte Runde ins Kinderzimmer und in andere Kinderwelten zurückzukehren, mit einem Enkel Sachen zu machen, die ihm und mir Spaß machen und ihm ein Entwicklungspartner zu sein, an den es mit guten Erinnerungen zurückdenkt.

Wahrlich, ich wäre gerne ein Vater, dem der liebe Gott eine zweite Chance schenkt!

LITERATUR

Aldous, John: Public Policy and Grandparents: Contrasting Perspectives. In: Szinovacz, Maximiliane E. (Ed.): Handbook on Grandparenthood. Westport 1998: 230–246

Alt, Christian/Teubner, Markus: Private Betreuungsverhältnisse. Familien und ihre Helfer. In: Bien, Walter/Rauschenbach, Thomas/Riedel, Birgit (Hg.) (2007): Wer betreut Deutschlands Kinder? DJI-Kinderbetreuungsstudie. Berlin: 160–171

Bange, Dirk: Sexueller Missbrauch an Jungen – Die Mauer des Schweigens. Göttingen 2007

BARMER GEK Pflegereport 2011. Schriftenreihe zur Gesundheitsanalyse, Band 11, St. Augustin

Barth, Karl/Zuckmayer, Carl: Späte Freundschaft in Briefen. Zürich 1966

Bates, James S./Taylor, Alan C.: Grandfather Involvement: Contact Frequency, Participation in Activities, and Commitment. In: The Journal of Men's Studies 3/2013: 305–322

Bauer, Tobias/Strub, Silvia: Ohne Krippe Grosi stünde Vieles still. Leistungen und Leistungspotentiale von Großeltern. In: Forum Familienfragen 9/2002

Beauvoir, Simone de: Das Alter. Hamburg 1972

Becker, Oliver Arránz/Steinbach, Anja: Beziehungen zwischen Großeltern und Enkelkindern. In: Comparative Population Studies – Zeitschrift für Bevölkerungswissenschaft, 3–4/2012: 517–542

Bengtson, Vern L.: Beyond the nuclear family: The increasing importance of multigenerational bonds. Journal of Marriage and Family 63/2001: 1–16

Bernhard, Thomas: Ein Kind. München 1982
Bertram, Hans/Kreher, Simone: Lebensformen und Lebensläufe in diesem Jahrhundert. In: APuZ/bpb 42/1996: 18–30
Bien, Walter: Netzwerk Familie. In: DJI Bulletin 2/2009: 12–13
Botermans, Jack/Van Ark, Frank: Opa für Anfänger: 96 Dinge, die ein echter Opa können muss! Oldenburg 2007
Brandl, Marion: Großeltern – eine wichtige Ressource für Familien. Bozen 2010
Brecht, Bertolt: Die unwürdige Greisin. In: Gesammelte Werke Bd. 11. Frankfurt 1967
Brunnbauer, Bettina/Riedel, Birgit: Neue Nutzer, heterogene Bedürfnisse? Inanspruchnahme von Tageseinrichtungen bei Kindern unter drei Jahren. In: Bien, Walter/Rauschenbach, Thomas/Riedel, Birgit (Hg.): Wer betreut Deutschlands Kinder? Weinheim 2006: 44–59
Bundesministerium für Familie, Senioren, Frauen und Jugend: 2. Atlas zur Gleichstellung von Frauen und Männern in Deutschland. Berlin 2013
Carstensen, Laura L.: The influence of a sense of time on human development. In: Science, 30/2006: 1913–1915
Cherlin, Andrew J./Furstenberg, Frank F.: The New American Grandparent. A Place in the Family, A Life Apart. New York 1986
Chu, Victor: Vaterliebe. Stuttgart 2016
Chvojka, Erhard: Geschichte der Großelternrollen vom 16. bis 20. Jahrhundert, Wien 2003
Chvojka-Beyer, Elisabeth: Alt werden mit Lust und Liebe. In: Sozialarbeit Österreich 89/1990
Coall, David A./Hertwig, Ralph: Grandparental Investment: A Relic of the Past or a Resource for the Future? In: Current Directions in Psychological Science 20(2) 2011: 93–98
Dallinger, Ursula/Schmitt, Christian: Zusammenleben der Generationen und Perspektiven der Generationenarbeit. Bamberg 2001
Deutscher Kinderschutzbund: Großelternkurs »Starke Großeltern – Starke Kinder®« 2010
Deutsches Jugendinstitut: DJI-Kinderbetreuungsstudie 2005. München 2005

Deutscher Alterssurvey 2014 – Zentrale Befunde. (Hg.): Deutsches Zentrum für Altersfragen. Berlin: 2016

Dörner, Klaus: Leben und sterben, wo ich hingehöre. Dritter Sozialraum und neues Hilfesystem. Neumünster 2007

Engelhardt, Michael von: Generation, Gedächtnis und Erzählen. Zur Bedeutung des lebensgeschichtlichen Erzählens im Generationenverhältnis. In: Liebau, Eckart (Hg.): Das Generationenverhältnis. Über das Zusammenleben in Familie und Gesellschaft. München 1996: 53–76

Engstler, Heribert: Großelternschaft als Thema sozialwissenschaftlicher Forschung – ein Überblick über ausgewählte neuere Literatur. In: Kuratorium Deutsche Altershilfe (Hg.): Informationsdienst Altersfragen. Berlin 33(4) 2006: 11–16

Erik H. Erikson: Identität und Lebenszyklus. Frankfurt am Main 1973

Farin, Klaus: Über neue Koalitionen zwischen Jungen und Alten. In: BAGSO-Nachrichten 1/2011: 20–21

Fooken, Insa: Geschlechterverhältnisse im Lebenslauf. In: Jansen, Birgit u. a.: Soziale Gerontologie – Ein Handbuch für Lehre und Praxis. Weinheim/Basel 1999: 441–452

Franz, Julia/Scheunpflug, Annette: Voneinander, übereinander und miteinander lernen. Felder intergenerationaler Bildungsarbeit. In: Binne, Heike/Dummann, Jörn/Lange, Andreas/Teske, Irmgard (Hg.): Handbuch Intergeneratives Arbeiten. Opladen 2014: 119–126

Fthenakis, Wassilios E.: Intergenerative Beziehungen nach Scheidung und Wiederheirat aus Sicht der Großeltern. In: Zeitschrift für Soziologie der Erziehung und Sozialisation 18 (2) 1998: 152–167

Generali-Alterstudie 2013. Generali Altersfond/Institut für Demoskopie Allensbach (Hg.). Frankfurt 2013

Gürtler, Helga: Kinder lieben Großeltern. München 2000

Hammer, Eckart: Männer altern anders. Freiburg 2007

Hammer, Eckart: Das Beste kommt noch – Männer im Unruhestand. Freiburg 2010

Hammer, Eckart: Unterschätzt: Männer in der Angehörigenpflege. Freiburg 2014

Hank, Karsten/Erlinghagen, Marcel: Volunteer Work. In: Börsch-Supan, Axel u. a. (Hg.): Health, Ageing and Retirement in Europe. Mannheim 2005: 259–264

Härtling, Peter: Hallo Opa – Liebe Mirjam. Eine Geschichte in E-Mails. Weinheim 2013

Haumann, Wilhelm: Generationen-Barometer. Eine Studie des Instituts für Demoskopie Allensbach. Freiburg 2009

Hodgson, Lynne G.: Grandparents of Older Grandchildren. In: Szinovacz, Maximiliane E. (Ed.): Handbook on Grandparenthood. Westport 1998: 171–183

Höpflinger, François: Frauen und Generationenbeziehungen in der zweiten Lebenshälfte. In: Ministerium für Familie, Kinder, Jugend, Kultur und Sport des Landes Nordrhein-Westfalen (Hg.): Demografischer Wandel. Die Stadt, die Frauen und die Zukunft 2007: 255–268

Höpflinger, François: Beziehungen zwischen Großeltern und Enkelkindern. In: Lenz, Karl/ Nestmann, Frank (Hg.): Handbuch Persönliche Beziehungen. Weinheim 2009: 311–335

Höpflinger, François/Hummel, Cornelia: Heranwachsende Enkelkinder und ihre Großeltern im Geschlechtervergleich. In: Zeitschrift für Gerontologie und Geriatrie 1/2006: 33–40

Höpflinger, François/Hummel, Cornelia/Hugentobler, Valérie: Enkelkinder und ihre Großeltern. Intergenerationelle Beziehungen im Wandel. Zürich 2006

Huber, Wolfgang/Friedrich, Johannes/Steinacker, Peter (Hg.): Kirche in der Vielfalt der Lebensbezüge. Gütersloh 2006

Ikels, Charlotte: Grandparenthood in Cross-Cultural Perspective. In: Szinovacz, Maximiliane E. (Ed.): Handbook on Grandparenthood. Westport 1998: 40–52

Institut für Demoskopie Allensbach (Hg.): Vorwerk Familienstudie 2012. Ergebnisse einer repräsentativen Bevölkerungsumfrage zur Familienarbeit in Deutschland. Wuppertal 2012

Institut für Sozialarbeit und Sozialpädagogik e. V.: Großelterndienste – Zur Weiterentwicklung eines Generationenprojektes. Frankfurt 2014

Jellouschek, Hans: Mit dem Beruf verheiratet. Zürich 1996

Keding, Joachim E.: Der Mann und seine eigene Zeit. In: Magazin info3, 2002
King, Valarie/Russell, Stephen T./Elder, Glen H.: Grandparenting in Family Systems: An Ecolocigal Perspective. In: Szinvacz, Maximiliane E. (Ed.): Handbook on Grandparenthood. Westport 1998: 53–69
Kivnick, Helen Q.: The Meaning of Grandparenthood. Ann Harbor 1982
Kohli, Martin: Das Alter als Herausforderung für die Theorie sozialer Ungleichheit. In: Berger, Peter A./Hradil Stefan (Hg.): Lebenslagen, Lebensläufe, Lebensstile. Göttingen 1990: 387–406
Kohli, Martin: Generationengerechtigkeit ist mehr als Rentenfinanzierung. In: Zeitschrift für Gerontologie 35/2002: 129–138
Kohli, Martin/Künemund, Harald: Nachberufliche Tätigkeitsfelder. Konzepte, Forschungslage, Empirie. Stuttgart 1996
Krappmann, Lothar: Brauchen junge Menschen alte Menschen? In: Krappmann, Lothar/Lepenies, Annette (Hg.): Methoden der Kindheitsforschung. Ein Überblick über Forschungszugänge zur kindlichen Perspektive. Weinheim 1997: 59–86
Krull, Helga: Der Großelterndienst Berlin. In: Institut für Sozialarbeit und Sozialpädagogik e.V.: Großelterndienste – Zur Weiterentwicklung eines Generationenprojektes. Frankfurt 2014: 30–37
Kruse, Andreas: Selbstständigkeit, bewusst angenommene Abhängigkeit, Selbstverantwortung und Mitverantwortung als zentrale Kategorien einer ethischen Betrachtung des Alters. In: Zeitschrift für Gerontologie und Geriatrie 38/2005: 273–287
Kucklick, Christoph: Das unmoralische Geschlecht. Zur Geburt der negativen Andrologie. Frankfurt 2008
Kuratle, David/Morgenthaler, Christoph: Männerseelsorge. Impulse für eine gendersensible Beratungspraxis. Stuttgart 2015
Lang, Frieder R./Baltes, Margret M.: Brauchen alte Menschen junge Menschen? Überlegungen zu den Entwicklungsaufgaben im hohen Lebensalter. In: Krappmann, Lothar/Lepenies, Annette (Hg.): Methoden der Kindheitsforschung. Weinheim 1997: 161–184
Lange, Andreas/Lauterbach, Wolfgang: Aufwachsen mit oder ohne Großeltern? Die gesellschaftliche Relevanz multilokaler Mehrgene-

rationsfamilien. In: Zeitschrift für Sozialisationsforschung und Erziehungssoziologie, 18/1998: 227–249
Lauterbach, Wolfgang. Großelternschaft und Mehrgenerationenfamilien – soziale Realität oder demographischer Mythos? In: Zeitschrift für Gerontologie und Geriatrie 12/2002: 540–555
Lüscher, Kurt: Großelternschaft – eine soziologische Annäherung. In: Klosinski, Gunther (Hg.): Großeltern heute – Hilfe oder Hemmnis? Analysen und Perspektiven für die pädagogisch-psychologische Praxis. Tübingen 2008: 33–58
Lutz, Daniela/Mutschler, Rebecca/Schak, Marion: Großväter in Bilderbüchern – eine Literaturrecherche. Unveröffentlichte Studie an der Evangelischen Hochschule Ludwigsburg 2013
Mahne, Katharina/Wolff, Julia K./Simonson, Julia & Tesch-Römer, Clemens (Hg.): Altern im Wandel. Zwei Jahrzehnte Deutscher Alterssurvey (DEAS). Wiesbaden 2016
Mann, Robin: Out of the shadows? Grandfatherhood, age and masculinities. In: Journal of Aging Studies 21(4) 2007: 271–281
Massing, Almuth/Reich, Günther/Sperling, Eckard: Die Mehrgenerationen-Familientherapie. Göttingen 2006
Mayer, Karl Ulrich/Baltes, Paul B. (Hg.): Die Berliner Altersstudie. Berlin 1999
Mead, Margaret: Culture and commitment. A study of generation gap. London 1970
Meier, Isabelle: Großeltern – Große Eltern. Archetypische und klinische Perspektiven der Großeltern-Enkelkind-Beziehung. Frankfurt 2015
Mosemann, Volker: Großväter in Bewegung und im Aufwind. In: Nachrichtendienst des Deutschen Vereins für öffentliche und private Fürsorge 9/2013: 403–408
Motel-Klingebiel, Andreas/Wurm, Susanne/Tesch-Römer, Clemens (Hrsg.): Altern im Wandel. Befunde des Deutschen Alterssurveys (DEAS). Stuttgart 2010
Müller-Lissner, Adelheid: Enkelkinder! Unser neues Abenteuer. Freiburg 2006
Neugarten, Bernice L./Weinstein, Karol K.: The changing American grandparent. In: Journal of Marriage and Family 26/1964: 199–204

Nowossadeck, Sabine/Engstler, Heribert: Familie und Partnerschaft im Alter. Report Altersdaten, Deutsches Zentrum für Altersfragen: Berlin 2013
Oerter, Rolf: Großeltern zwischen Tradition und Innovation. In: Klosinski, Gunter (Hg.): Großeltern heute – Hilfe oder Hemmnis. Tübingen 2008: 13–32
Oser, Fritz/Bascio, Tomas/Blakeney, Ronney: Weshalb Kinder und Jugendliche Wertallianzen mit ihren Großeltern bilden. Fribourg 2007
Pruchno, Rachel A./Johnson, Katrina W.: Research on Grandparenting: Review of Current Studies and Future Needs. In: Generations 1/1996: 65–69
Schaal, Andrea: »Das Enkel-Vakuum darf kein Lebens-Vakuum werden.« In BAGSO-Nachrichten 01/2011
Schwob, Peter: Großeltern, Eltern, Kinder: Liebe – und was noch? In: Buchheim, Peter/Cierpka, Manfred/Seifert, Theodor (Hg.): Liebe und Psychotherapie. Der Körper in der Psychotherapie. Abhängigkeit. Berlin 1992: 62–76
Steffensky, Fulbert: Älter werden – Gespräch zwischen den Generationen. Unkorrigiertes Vortragsmanuskript bei der Landesarbeitsgemeinschaft Evangelischer Senioren in Stuttgart am 11.5.2016
St.George, Jennifer M./Fletcher, Richard J.: Men's Experiences of Grandfatherhood: A Welcome Surprise. In: The International Journal of Aging and Human Development 4/2014: 351–378
Stolz, Matthias: Das Leben ist keine To-do-Liste. ZEITmagazin 47/2014
Strauss, Clifford A.: Grandma made Johnny delinquent. In: American Journal of Orthopsychiatrie 13/1943: 343–347
Swientek, Christine: Enkel – Eine Fast-Nicht-Glosse. In: BAGSO-Nachrichten 1/2011, S.30
Szinovacz, Maximiliane E./Roberts, Angela: Programs for Grandparents. In: Szinovacz, Maximiliane E. (Ed.): Handbook on Grandparenthood. Westport 1998: 242–256
Tarrant, Anna: Domestic ageing masculinities and grandfathering. In: Gorman-Murray, A. and Hopkins, P. (eds.) Masculinities and Place 2015: 241–255

Taubman – Ben-Ari, Orit/Ben Shlomo, Shirley/Findler, Liora: First-time parents' and grandparents' perceptions of growth and their associations with self-esteem, cognitive appraisal, and social support: A dyadic approach. In: Journal of Family Social Work 17/2014: 229–250

Templeton, Robert/ Bauereiss, Renate: Kinderbetreuung zwischen den Generationen. In: Bien, Walter (Hg.): Eigeninteresse oder Solidarität – Beziehungen in modernen Mehrgenerationenfamilien. Opladen 1994: 249–266

Thiersch, Hans: Großelternschaft. In: Klosinski, Gunter (Hg.): Großeltern heute – Hilfe oder Hemmnis. Tübingen 2008: 59–70

Tornstam, Lars F.: Gerotranscendence – A Developmental Theory of Positive Aging. New York 2005

Uhlenberg, Peter/Kirby, James B.: Grandparenthood Over Time: Historical and Demographic Trends. In: Szinovacz, Maximiliane E. (Ed.): Handbook on Grandparenthood. Westport 1998: 25–39

Vierter Bericht zur Lage der älteren Generation. Bundesministerium für Familie, Senioren, Frauen und Jugend (Hg.). Berlin 2002

Vogel, Rudolf: Lebenssinn in schweren Erkrankungen älterer Menschen. Heidelberg 2010

Winnicott, Donald Woods: Reifungsprozesse und fördernde Umwelt. Studien zur Theorie der emotionalen Entwicklung. Gießen 2002

Wissenschaftlicher Beirat für Familienfragen beim Bundesministerium für Familie, Senioren, Frauen und Jugend: Generationenbeziehungen. Herausforderungen und Potentiale. Wiesbaden 2012

Wittrahm, Andreas: Wir – im Miteinander der Generationen. Vortrag beim Katechetischen Kongress im Bistum Osnabrück 2011.

Wurm, Elke: Realbild und Idealbild des Großvaters. Eine empirische explorative Studie über das Bild 15-jähriger Enkelkinder und ihre Großväter. Wien 1998

Zinnecker, Jürgen/Behnken, Imbke/Maschke, Sabine/Stecher, Ludwig: null zoff & voll busy. Die erste Jugendgeneration des neuen Jahrhunderts. Ein Selbstbild. Opladen 2003

ANMERKUNGEN

1 Holbe 2011
2 Chvojka 2003: 102; Ikels 1998: 41
3 Chvojka 2003: 43–46
4 Chvojka 2003: 70
5 Chvojka 2003: 290–291
6 Strauss 1943
7 Kucklick 2008
8 Chvojka-Beyer 1990: 21; Chvojka 2003: 335–339
9 Nowossadeck/Engstler 2013: 22
10 Bengtson 2001 / Lauterbach 2002: 553
11 Uhlenberg/Kirby 1998: 38
12 Bertram/Kreher 1996: 28
13 Brandl 2010
14 Fthenakis 1998: 153
15 Mehr dazu in Hammer 2010
16 Lutz/Mutschler/Schak 2013
17 Bates/Taylor 2013: 307–308 / Ikels 1998 / Mann 2007: 285–286
18 Chu 2016: 272
19 Chu 2016: 272
20 Wittrahm 2011
21 Haumann 2006: 39
22 King/Russell/Elder 1998: 53
23 Ausführlicher hierzu: Hammer 2007 und 2010
24 Dörner 2007: 69
25 Lang/Baltes 1997: 161
26 Taubman u.a. 2014

27 St.George/Fletcher 2014: 366–369
28 Kivnick 1982: 5
29 Aus der Verlagsbeschreibung
30 Krappmann 1997: 187; Höpflinger/Hummel/Hungertobler 2006: 43
31 Kornhaber 1996 zit. n. Miller/Sandberg 1998: 219–220
32 Meier 2015
33 Townsend 1957 zit. n. Mann 2007: 285
34 Becker/Steinbach 2012: 533
35 Höpflinger 2007: 255
36 Fthenakis 1998: 163
37 zit. n. Müller-Lissner: 81–86
38 Becker/Steinbach 2012: 533
39 www.drk.de/angebote/kinder-jugend-und-familie/vaeter-und-grossvaeterarbeit.html; Mosemann 2013
40 Nave-Herz 2009: 58
41 www.zeit.de/zeit-magazin/2014/47/to-do-liste-bucket-list-literatur
42 zit. n. Müller-Lissner: 208
43 Swientek 2011
44 Thiersch 2008: 67
45 Swientek 2011
46 Becker/Steinbach 2012: 532
47 zit. n. Müller-Lissner: 211
48 Farin 2011
49 Wittrahm 2011
50 Pruchno/Johnson 1996; Nowossadeck/Engstler 2013: 25
51 Thiersch 2008: 70
52 Tornstam 2005
53 Carstensen 2006
54 Vogel 2010: 41–43
55 Höpflinger/Hummel/Hugentobler 2006: 20; Hodgson 1998
56 Friedman/Hechter/Kreager 2008 zit. n. Coall/Hertwig 2011: 96
57 Kruse 2005
58 Lang/Baltes 1997: 172
59 Bengtson 2001: 5
60 Wissenschaftlicher Beirat 2012: 55

61 Lange/Lauterbach 1998: 230
62 Zinnecker 2003: 27
63 Höpflinger 2009
64 Haumann 2009: 39
65 Fthenakis 1998: 164
66 Bates/Goodsell 2013: 38
67 Ikels 1998: 41
68 Oser/Bascio/Blakeney 2007
69 Haumann 2009: 41 + 129
70 Haumann 2009: 86 und 159
71 Oerter 2008: 18
72 Engelhardt 1996: 73
73 Vaillant/Milowsky 1980
74 Huber/Friedrich/Steinacker 2005
75 Tarrant 2015: 244
76 Höpflinger/Hummel/Hugentobler 2006: 31
77 Neugarten/Weinstein 1964; Cehrlin/Furstenberg 1986; Wurm 1998; Lüscher 2008; Thiersch 2008; Mosemann 2013
78 Winnicott 2002
79 Gürtler 2000
80 Haumann 2009
81 Kuratle/Morgenthaler 2015: 178
82 Höpflinger/Hummel 2006: 36
83 Mann/Khan/Leeson 2013: 383
84 Farin 2011: 20
85 Mead 1970
86 Barth 1966
87 Kemp 2007: 876
88 zit. n. Müller-Lissner: 209
89 Krappmann 1997: 193
90 Höpflinger/Hummel/Hungertobler 2006: 4
91 Krappmann 1997: 195
92 Lutz/Mutschler/Schak 2013
93 Steffensky 2016
94 Schwob 1988: 73
95 Zit. n. Chu 2016: 117

96 Mann/Tomasello zit. n. Krappmann 1997: 189
97 Lange/Lauterbach 1998: 230
98 Becker/Steinbach 2012: 531
99 Chu 2016: 272
100 Chu 2016: 273
101 Krappmann 1997: 187
102 Nydegger zit. n. Lang/Baltes 1997: 171
103 Thiersch 2008: 66
104 Oerter 2008: 14
105 Massing/Reich/Sperling 2006: 104
106 King/Russell/Elder 1998: 56
107 Brunnbauer/Riedel 2006; Alt/Teubner 2006; Deutsches Jugendinstitut 2005; Kohli 2002: 134
108 Deutscher Alterssurvey 2014: 15
109 Barmer GEK Pflegereport 2011, 77
110 Ausführlich dazu Hammer 2014
111 Kohli/Künemund 1996; Haumann 2009: 39
112 Lange/Lauterbach 1998: 242
113 Mann 2007: 284
114 Bengtson 2001: 7; Aldous 1998: 245; Miller/Sandberg 1998: 226–227
115 Templeton/Bauereiss 1994; Haumann 2009
116 Motel-Klingebiel/Wurm/Tesch-Römer 2010: 204
117 Schaal 2011: 24
118 Höpflinger/Hummel/Hugentobler 2006
119 Fthenakis 1998: 162–163
120 Szinovacz/Roberts 1998: 250
121 Schaal 2011: 24
122 Institut für Demoskopie Allensbach 2012
123 Institut für Sozialarbeit und Sozialpädagogik 2014
124 Bange 2007: 39–44
125 www.bmfsfj.de/BMFSFJ/familie,did=31498.html
126 Bundesministerium 2013
127 So berichten die Koordinatorinnen der Großelterndienste Berlin, Helga Krull; Erkner, Ellen Schneider; Erfurt, Helga Marion Hoyme

128 Meyer/Baltes 1999, S. 578–579
129 Keding 2002
130 Fooken 1999, S. 444
131 Franz/Scheunpflug 2014: 121
132 Generali-Altersstudie 2013
133 Dallinger/Schmitt 2001: 66 ff.
134 Vierter Bericht zur Lage der Älteren Generation 2002: 124
135 Institut für Demoskopie Allensbach 2012
136 Beck-Gernsheim FAZ 5.8.14
137 www.spenderkinder.de